“生命发展课程系列丛书”编委会

主编：尹　超

编委：潘东辉　何立新　庄　严　张志宏
李　宁　莫　晖　王丽萍　高　晨

本书编委会

主编：潘东辉　张志宏　贾　宁

编委：王利宁　徐　征　张同杰　王　泓　王唯恺
延　瑞　陈小葵　胡纯真　檀　旻　王　睿
黄翔昀　佟亚东　黄昳静

生命发展课程系列丛书

自由的教育理念·厚重的文化传承·开放的国际视野

丛书主编 尹超

润泽心灵的“博雅语文”

北大附小“博雅语文”课程的建构和实施

北京大学附属小学语文课程组◎著

北京大学出版社
PEKING UNIVERSITY PRESS

图书在版编目(CIP)数据

润泽心灵的“博雅语文”：北大附小“博雅语文”课程的建构和实施/北京大学附属小学语文课程组著. —北京：北京大学出版社，2015. 11

（生命发展课程系列丛书）

ISBN 978-7-301-26496-6

Ⅰ. ①润…　Ⅱ. ①北…　Ⅲ. ①小学语文课–教学研究　Ⅳ. ①G623.202

中国版本图书馆 CIP 数据核字（2015）第 257069 号

书　　名	润泽心灵的“博雅语文”——北大附小“博雅语文”课程的建构和实施 Runze Xinling de “Boya Yuwen”
著作责任者	北京大学附属小学语文课程组　著
责任编辑	姚成龙　巩佳佳
标准书号	ISBN 978-7-301-26496-6
出版发行	北京大学出版社
地　　址	北京市海淀区成府路 205 号　100871
网　　址	http://www.pup.cn　　新浪微博：@北京大学出版社
电子信箱	zyjy@pup.cn
电　　话	邮购部 62752015　发行部 62750672　编辑部 62754934
印 刷 者	北京大学印刷厂
经 销 者	新华书店
	730 毫米×980 毫米　16 开本　11. 25 印张　168 千字
	2015 年 11 月第 1 版　2015 年 11 月第 1 次印刷
定　　价	28. 00 元

序

——走向生命发展的课程创生

2011年以来,北京大学附属小学(以下简称"北大附小")作为课改实验校,先后参加了北京市基础教育课程建设项目"遨游计划"、三级课程整合、海淀区"课程整合、自主排课"等课题。在这些课题的引领下,北大附小从办学理念入手,不断进行育人目标的梳理、课程门类的整合、课程系统的架构和课程实施的变革,走出了一条以课程改革撬动学校整体教育变革的道路。

一、顶层设计:生命发展课程的诞生

当前,课程改革已进入"深水区",继新的课程纲要和学科课程标准陆续颁布施行之后,各学校也正在把特色课程体系构建当作未来发展的重要内容。面对如火如荼的学校课程改革,我们究竟应该给孩子提供什么样的教育?如何更好地诠释小学基础教育的"基础性"?这是我们改革之初首先要考虑的内容。

北大附小是北京大学的子弟校。由于北大附小的生源绝大多数是北京大学教职工子女,他们思想活跃,见多识广,对我们的常规课程设计提出了非常高的要求。例如现行的课程内容中,有很多已明显跟不上他们的步伐;还有很多课程设置中没有的科目,他们表现出很强的学习期待。在这样的背景下,我们急需提供一种既前瞻又实用的知识,给孩子宽厚而广博的文化视野,让他们在多样化的选择中博览群书,能独立地思考、有独立的人格,博学多识、通情达理,为未来一生的幸福成长奠定基础。基于这种理解,我们重新确立了我们的育人目标,以整合、重构原有的课程内容为突破点,构建了生命发展课程体系。

生命发展课程体系的核心内容是"三层五类"的课程结构。三个层次分

别是：基础类课程、拓展类课程、研究类课程。“三层”背后分别是面向全体、面向分层、面向个体，这是学校对课程性质的归类和划分。

五个类别（五大领域）分别是：人文素养、科学素养、健康艺术、社会交往、国际理解。在这五类中，“社会交往”是针对21世纪终身学习技能中的“协作”“交流”提出的，也是针对当前孩子们亟须培养的社会适应能力提出的；而“国际理解”则是根据北大附小孩子们的诉求以及学校国际交流实践经验提出的。

除了“三层五类”的课程结构，北大附小还构建了学科群的概念，勾勒了由不同内容、不同年段和不同学习方式组成的三维实施形态。特别要指出的是，我们的课程设计还突出了对学校文化的汲取和关照：如我们的北大文化课程，它以领悟北大精神、传承北大文化为宗旨，内容包括“北大风骨”“北大风物”“北大风采”三个系列，是老师对学校办学传统、文化特色的吸纳与融合，体现了学校文化的传承和创新。

二、中层设计：学科课程方案的形成

如果说生命发展课程更多关注的是课程设置层面的工作，那么这样的“课程设置”如何转化为“课程实施”，在学校教学中真正落地生根？为此，我们急需课程实施层面的整体设计，给学生以学科领域真正有价值的知识，转变教与学的方式，让孩子学在其中、乐在其中，实现真正的“专心地学习，痛快地游玩”。

因此，继“生命发展课程整体方案”出炉以后，我们不断研讨，不断反思，把学校整体课程方案放在学科课程的框架之中，投入了大量精力研究带有不同学科特质的教学系统设计，如“开放的学习资源”“教学进程结构”“如何转变教与学的方式”等，构建了独特的学科课程整体实施方案。

这样的学科课程整体实施方案由七个核心问题组成，即北大附小学科课程发展水平特色的估计，学科课程构建的主题与思路，学科课程内容的设计，学科课堂教学进程的设计，学科课堂教学的特质，学科课程教学的成效，学科教师团队建设等。

几年来，这样的探索取得了初步的成效。北大附小的“博雅语文”从“博吸收”“雅呈现”两方面来构建博雅的总体结构。这里的“博”，关注的是吸收、接纳，是兼容并包，是大气磅礴；“雅”，则是内化后的展现，是弘扬传统，是人文和谐。考量到教材局限，“博雅语文”还特别设计了分层多样的博雅阅读，如一年级的“绘本之旅”，二年级的“跨越桥梁”，三年级的“文学启程”，四年级的“博览之旅”，五年级的“人文之旅”和六年级的“典藏启蒙”，通过阅读容量的加大，不断拓宽学生视域。

又如数学团队以“生长”为主题的数学学科课程体系，其核心的内容和目标就是“研数思形，启智通慧”。北大附小以丰富的数学活动为依托，通过基础类课程、思维类课程和实践类课程这三类课程的设计，致力于培养具有理性思维、应用意识和创新能力的人。这三类课程既是立体分层的，在培养目标上又是各有侧重的，如基础类课程重点关照知识与技能，思维类课程重点关照方法与策略，实践类课程重点关照实践与应用。

- 基础类课程——知识与技能：数学教材、数学故事、数学欣赏
- 思维类课程——方法与策略：数学游戏、规律探索、分类与命名、数与形、归纳与猜想
- 实践类课程——实践与应用：社会调查、模型制作、小小设计师——设计与操作、实践体验、实际测量

图 1　北大附小数学课程体系架构

在实践类课程中，问题意识和活动体验的课程贯穿一至六年级并且循序上升、不断发展。

		课题研究
	方案设计 数据处理	方案设计 数据处理
问题意识 活动体验	问题意识 活动体验	问题意识 活动体验

图 2　实践类课程的内容结构

又如英语团队提出的“1＋3”课堂教学结构，“1＋3”有两层含义：一是课堂时间分配，10 分钟和 30 分钟；二是进程模式，1 个模块和 3 个环节。

“1”，就是用 1/4 的课堂学习时间（10 分钟）开展 1 个模块学习。在这 10 分钟里，教师可以根据教学内容需要、学生学习需求、教师教学风格和较长期教学目标，从提供的活动模块中自由选择 1～3 个教学活动。活动模块包括：Duty Report（值日报告）、Topic Speech（主题演讲）、Mimic Show（电影模仿秀）、Story Time（故事时间）、Music Time（音乐之声）。我们将这 10 分钟称为：OMIS 模块。OMIS 来自于四个单词的首字母——Open（开放）、

Multiple(多维)、Interactive(交互)、Sustained(持续)——这四个单词也正好诠释了该模块活动的特点。OMIS 教学模块,着眼于培养学生长远的英语学习兴趣和习惯,将以往少量、重复、机械的被动学习转变为大量、持续、主动的汲取。

“3”,是 3/4 的课堂学习时间(30 分钟),也是三个学习环节。这 30 分钟是回归教材、回归文本的常态课堂学习。学习内容主要来自于基础课程教材,即《新派英语》和《小学英语》(清华版)[①],以及拓展课程中的阅读文本。三个环节分别是:激活兴趣、互动建构、内化整合。

三、微观设计:开放式体验学习的探索

要丰富和完善学校生命发展课程建设,我们不仅需要在学科课程教学上着力,还需要以开放式、体验式的活动为切入点,在学生的综合实践学习上着力,让学校课程变得富有生机和活力,充满自由发展、自我选择的空间。

在教学实践中,教师和学生都是具有独特个性、丰富情感以及独立人格的活生生的个体。我们打破传统课堂以知识为载体的教学方式,主张借助丰富多彩的活动,走出课堂,超越课堂,主张在师生双方共同的自主建构中,为学生成长预留更多的空间,培育适合孩子们成长的个性课程。

如“社会交往”课程。2014 年,我们以“踏春”为主题进行了分层多样的富有生命色彩的开放式社会体验活动。一年级,“感悟春天”。孩子们结伴群游动物园、海洋馆,在人与动物的和谐相处中感悟生态的气息。二年级,“寻找春天”。孩子们进入洼里乡村博物馆实地参观,在人与自然的亲密接触中寻找春天的足迹。三年级,“探究春天”。孩子们以“开往春天的高铁”为名,前往目的地蟹岛,设计了一系列关于“探春”的综合实践拓展活动,如破冰游戏——青蛙王子,扬帆起航——我型我秀,暖场游戏——向日葵、松鼠与大树、心有灵犀,情境模拟——走进春天的爱、欢乐大家庭,在群体实践活动中探究春天。四年级,“播种春天”。孩子们前往“疯狂农场”,通过“抗旱救灾”“农场保卫战”“分辨五谷”等模拟农事活动,亲自体验春天的播种与耕耘。五年级,“春天的劳作”。孩子们前往神堂峪,投入大自然的怀抱中,亲自生火、做饭,培养基本的生存和生活技能。六年级,“抒写春趣”。通过春天里的生命讲座、圆明园放风筝、生存岛拓展、游湿地公园等系列活动,用

① 范文芳. 小学英语[M]. 北京:清华大学出版社,2002. 若没有特别说明,在本书中统称《小学英语》(清华版)。

诗词歌赋的形式解读春韵，抒写春趣。

又如“开心种植园”课程。该课程以植物爱好者为对象，通过组建俱乐部活动的方式，从不同的种植体验出发，设计游戏、拍卖、戏剧表演、模拟交易、创办自己的企业等不同的活动形式，帮助学生亲历多学科融合的社会实践探究过程，引导他们在做中学，在体验中思考。

又如“模拟联合国”课程。这个课程是为一部分孩子特别设立的。北大附小有很多来自不同国家的学生，同时也开设了日语、韩语、印尼语等小语种课。模拟联合国课程即以这些英文表达流畅、关注时事、热爱演讲或辩论的孩子为对象，让他们作为模拟联合国的各方代表就某一特定议题（如：环境问题、食品安全、儿童权利、文化遗产等）阐述观点、展开辩论。除了这些学习以外，他们还将学习涉外礼仪，练习英文演讲，在亲身体验中不断提升自己的国际理解能力。

再如我们的“私人绘本”课程。私人绘本课程是美术创意的一种形式，可以自己确定创作的主题和内容，让孩子们在非常放松的前提下进行私密化的绘本创作。在这个过程中，老师不主动干预，而是给孩子们一个更为开放的空间，一些辅助的工具和材料。私人绘本并不是随意的表达，而是让孩子们有一个放松的环境，学会用美术的图像思维来打开心灵，把内心情感真实地表露出来。

通过学校课程总体设计、到学科课程整体设计、再到学生个性课程设计，我们一步一步，不断朝向学生，不断贴近学生，将育人目标与实际的课程内容连接起来，将教师的个性化教学与孩子的个性化成长连接起来，整合学习内容、改变学习方式，把“理想的课程”变成了富有生命气息的“实践的课程”。

这样的改革让学生成长的意义更突显了。它让我们学会主动探索学生的需求，并且能够换位思考，什么样的课程是对孩子们的终身幸福发展有利的。我们真的应该“顺其性，驰其想”，学校和教师都应该努力创设一个温馨的自由空间，让孩子们有更多的发展和选择。

这样的改革让学校的课程文化更浓厚了。我们的生命发展课程是在北大附小独特的文化土壤上建立起来的，它的实行，是对宽松民主的学校文化的彰显，是对爱与自由的学校精神的深层诠释。课程改革中的很多细节，包括我们推进课程改革中的诸多策略——多元引领、对话共生、实验培育、文化浸润等，都是课程文化的核心内涵，而这样的氛围与环境，是带有北大附小特色的，是我们要永远发扬的精神财富。

这样的改革带来了教师团队研究水平的整体飞跃。从没有方向，到明确方向;从出现问题,到解决问题,我们的老师们始终团结在一起,以课堂教学研究为突破口,不断进行思路设计,不断进行经验反思,如切如磋,如琢如磨,努力碰撞研究的火花,不断扩充研究的同伴。几乎每天课后、每个周末,在校园的各处都能看见他们专注交流的场景。老师们的课程创生能力大大增强了,学科团队的教学风格也越来越明晰。凝结我们这一改革的成果——《润泽心灵的“博雅语文”——北大附小“博雅语文”课程的建构和实施》《研数思形,启智通慧——北大附小“生长的数学”课程的建构和实施》《卓·悦英语:“玩”出最好的课堂》将陆续出版。它们,就是最好的见证。

愿北大附小的课程改革继往开来,结出更多更丰硕的果实!

尹　超

2015 年 6 月 6 日

目　录

第一章 “汉语危机”侵袭——语文该怎么教

第一节 “汉语危机”下,政策在行动

母语是儿童出生后即习得的思维、表达和交际的主要工具,同时也在潜移默化中影响着他的观念和行为。汉语,这一我们赖以生存和生活的母语,在中国上下五千年长河中始终占据着社会文化的主流地位,成为与中华民族文化共生、共存的命脉和灵魂。可以说,汉语是中华文化的主要载体,使我们可以从本民族文化之根汲取生命的养料,也是民族传统契刻在我们身上的精神烙印。

语言的变迁由社会的发展和变革所驱动,一个多世纪以来,汉语和我们的祖国一起经历了内忧外患,经历了历史的巨大变迁,所受到的创伤至今仍然依稀存在。在过去几十年里,随着国家经济、政治和社会等方面的发展进步,汉语所受到的创伤在一定程度上得到了平复,但是以往所积累下来的断层无时无刻不在影响着我们的文化和教育。

当下,汉语正面临着外来语言的巨大挑战。这种挑战来源于全球化给民族语言带来的巨大冲击,来源于外来文化强势冲击对民族文化传承的威胁。所有这些都不可避免地影响了母语教育和语文教学本身。

当下中国社会出现的“外语热”和“母语冷”现象形成了鲜明的对比。不

少孩子从幼儿园开始就被送去各种双语学校，从小接受外语尤其是英语的教学和语境熏陶，将孩子送出国门接受西式教育的也大有人在。各类英文辅导培训班层出不穷，供不应求。与家长们对外语的重视相比，汉语教育却备受冷落。

在信息科技时代，人们日常工作中用键盘输入要远远多于用笔书写汉字，汉语作为象形文字所受到的冲击也就可想而知，以至于出现知识分子也常常会提笔忘字的情况。

目前，社会对经济功效性的过度追求，生活中文化的相对弱势，也在很大程度上影响了母语文化的影响力。除此之外，网络用语的泛滥和快餐文化的盛行也都给母语的传承带来了很大的障碍。大量流行又简单的网络用语凭借媒体的传播迅速侵占了学生的语库，造成学生词汇贫乏，缺乏文化内涵。

综上所述，汉语正面临着来自外部和内在的巨大冲击，以汉语文化为根基的中国社会正在面临母语"失落"的危机和挑战。

为了更好地应对"汉语危机"，2014 年，教育部发布了《完善中华优秀传统文化教育指导纲要》(以下简称《纲要》)，对加强中小学传统文化教育提出了明确而具体的要求。其中关于小学的具体内容简要概述如下：

(1) 小学熟练书写正楷；

(2) 小学低年级初步感受汉字美，诵读浅近的古诗，获得初步的情感体验，感受语言的优美，了解家乡习俗、传统礼仪，学会待人接物的基本礼节，初步感受经典的民间艺术；

(3) 小学高年级熟练书写正楷字，体会汉字优美的结构艺术，诵读古代诗文经典篇目，培养学生对传统体育活动的兴趣爱好。

另外，《纲要》还要求中小学调整课标、修订教材，并增加中华优秀传统文化内容在升学考试中的比重。可以说《纲要》是我们应对"汉语危机"的一个重要政策，而在所有的这些措施里面，小学语文教育作为学生最初接触到的汉语学科教育，其重要性不言而喻。在此背景下，对小学语文教学改革尝试的探讨和交流就显得非常有意义。

第二节 母语失落：学术界的忧虑和思考

目前，有学者认为母语失落现象主要表现为三种缺失，即：母语学科缺失话语权、传统文化缺失认同感、语文课堂缺失本源色。

一、母语学科缺失话语权

语文教学可以说是传承、发扬母语的最基本途径，小学语文教学更是整个系统母语教学过程的开端。语文学科理应成为所有学科门类的基石，而小学语文课更应该位列所有课程之首。

然而，正如上文所说，全球化产生的一系列连锁反应正撼动着语文教育的地位。从社会上英语培训机构的数量远远多于中文以及传统文化相关机构的数量就可见一斑。这种母语话语权和权威性向外语转移的倾向，对汉语教育是一次莫大的挑战。

由于应试教育对中国教育的长期影响，人们对学科的工具性特点愈发看重，即越是“有用”的学科，越得到重视。这里的“有用”是一种工具性的价值判断。很明显，语文学科就是那被“有用”拒之门外的“无用之学”。语文的“无用”在于其不外显，在于其不能组织竞赛，不能成为一种特长，不能为升学加分……实际上，语文学科同时兼具了工具性与人文性的双重属性。由于应试压力，教师在语文教学中往往过于强调工具性而忽略语文学科本身所具有的人文性特点，以自然学科的教授方式来肢解一篇篇散发着人文气息和人性关怀的文章，逐步抹杀母语的魅力和其独特价值，并进一步剥夺了它在社会与文化发展中的影响力和话语权。

二、传统文化缺失认同感

母语具有双重的文化特质。它一方面是传承、发扬传统文化的重要载体，同时又是构成传统文化的内在逻辑和结构。也就是说，母语本身就是一种社会文化。如何在母语与蕴含其中的文化之间寻找平衡，找到母语与文化传承之间的联系就成了阐释语文学科教学方向与目标的有效切入点。英国著名哲学家维特根斯坦说：语言就是思维。而从小耳濡目染的母语更是一种浸透在身体和血液里的语言，它在很大程度上制约并决定了一个人的思维方式，也在很大程度上影响了一个人的观念和行为。语言还是一种世界观。人们通过语言在脑海中构建对整个世界的主观认知，使世界能以一种合乎其内在规则和逻辑的方式清晰呈现。母语给予我们最初理解世界的方式，赋予了我们内在最本真的判断力和感受力。

因此，母语与我们的传统文化之间有着极为密切的文化关联，而语文教学又恰恰承载着传递母语、发扬母语、使用母语的功能和职责，从这个角度上来说，语文教学离不开对传统文化的追溯和回归。一方面，语文教学需要充分利用传统文化这一绝佳的资源，以充实和完善母语教学的意涵；另一方面，语文课堂本身也应具备传统文化教学的内容属性。正如上文《纲要》提到的，小学生可以通过中华民族的艺术瑰宝——书法来感受汉字之美，通过诵读古典诗歌来培养典雅气质和母语语感；语文课程教材也可以直接囊括诸如中华民族传统习俗、礼仪等优秀传统文化的具体内容。

生活中各种新鲜而独特的外来文化随处可见，我们开始对古旧而大众的传统文化产生倦怠和乏味之感，而这往往来自对本民族传统文化“掌握”的自信和盲目的自卑，这两者是相互影响、互为因果的。我们往往认为对从小到大接触到的母语环境和其所承载的文化形式早已烂熟于心，认为了解到了传统文化和中华文明的全部，事实上，这些只是只鳞片爪，中华传统文化内在有太多的奥秘等待着我们去探究挖掘。传统与现代之间存在巨大的张力，正需要我们通过母语习得搭建古今传承的桥梁，去逐步缩小古今文化的差距。

三、语文课堂缺失本源色

作为母语教学的基地，小学语文课堂改革势必成为万众瞩目的焦点，并被寄予厚望，肩负起扭转当下漠视母语教学、忽略传统文化风气的使命。然而，究竟什么是真正的语文课，怎么样才算是一堂好的语文课等疑问引发了人们的思考。通过课程改革的一次次试验和转型，一些教育者们提出了语文课堂的“本色教育”理念，提倡“本色语文”。

“本色语文”从某种意义上来说就是母语的教学。[①] 母语教学无论在国内还是国际上从来都是学校教育的重中之重。母语教学不仅是一种语言工具的传授与学习，更包含了多方面的内涵：其一，母语教学是学生有效交流沟通能力的习得，使学生能够独立、自主地融入社会生活；其二，母语教学要将母语内化成为学生心灵深处的文化底蕴和民族精神；其三，母语教学的目标应当还包括提高学生对母语的热爱、尊重和重视；其四，母语教学要培养学生的家国观念，热爱国家民族、承担社会责任、自觉传承传统文化；其五，母语教学要使母语在师生间的双向传递互通过程中培养人文底蕴，尤其是对教师人文修养的持续塑造。可见，母语教学是一种关于“人”与“环境”的、具有丰富社会性的人类活动，它离不开作为课堂生命主体的学生和老师，也离不开其与社会生活环境间的互动。

因此，承载着母语教学任务的语文课堂也应该呈现出这样一种人与环境互动的教学生态，既将语文化归生活，又将生活融入语文。依赖简单字、词、句的训练，通过情境式教学的开展，赋予语文课堂独特的人性魅力和人文气息，培养学生读语文、说语文、讲语文、写语文、用语文的能力，以实现对学生的人文熏陶和素养提升。

然而，当下的小学语文课堂却存在着本色缺失，即：“教学主体缺失生命本色，教学内容缺失生活本色，教学过程缺失生态本色。”[②]

（一）教学主体缺失生命本色

教学主体到底是学生还是老师？这在教育改革中被屡屡提及却仍旧争议不断。教学是一个教师与学生“教学相长”双向互动的过程，不仅仅只有学，也不是只有教。因此，教学主体的表述可以拆分为这样两个方面，即学

---

① 周一贯.本色语文：不要问我从哪里来（上）[J].小学青年教师（语文版），2006：10.

② 韩美华.小学语文本色课堂导学研究[D].湖南师范大学，硕士生论文，2009.

生是发展性主体，教师是主导性主体。而目前语文教学主体缺失生命本色现象的根本原因就是教学主体自身的角色模糊和定位混乱。从教师掌握教学绝对权威、全权主导课堂教学，到提倡充分给予学生自主性、学生主导课堂，主体性地位的“皇冠”在学生和教师之间反复易主，而关于主体性地位的分配往往呈现出从一种极端走向另一种极端的态势。

学生在以往长期教学过程中已经形成了具有一定惰性和依赖性的思维习惯，这成为阻碍其发挥课堂主体性和主观能动性的绊脚石。教师在传统课堂上采取的机械灌输式教学，使得学生缺乏独立思考、批判性思维、积极主动性和自我意识。学生在这样的教学环境下所养成的思维习惯和学习习惯不是一朝一夕就能够改变的。早已形成习惯定式的学生即使面对多么创新开放的新型课堂，都无法迅速适应。仅仅改变课堂的外在形式，只能治标不能治本，学生主体性缺乏的习惯性状态仍然会持续。因此，无论是传统语文课堂还是新型课堂，学生主体性地位并未得到持久而稳定的保证，教师主体性地位的合法性获得又屡经挫折，语文课堂教学主体如此指向不明、界限模糊，极大影响了教师和学生各自在“教”与“学”中的充分施展和自由发挥，从而使得语文课堂缺乏其应有的“人性”的魅力和生命的本色。

（二）教学内容缺失生活本色

美国著名实用主义教育家杜威眼中的教育即是生活，从而发展演变出生活教育理论。而由此衍生出的“语文即生活，生活即语文”，成为小学本色语文课堂的一种新的理念与追求。语文课堂是传递母语的基地，而母语是我们赖以生存的交流工具、文化支撑和精神脊柱。因此，我们的语文课堂教学必然不能脱离日常生活，其教学内容既来源于生活、关联生活、反映生活，又应用于生活、理解生活、塑造生活。无论是语文课堂的教学内容、教学方式还是教学工具，都应该体现对学生“生活”与“经验”的观照和旨趣。国家对于素质教育的要求，提倡理论知识与现实实践的有机结合，生活化的语文课堂正是推进素质教育过程中的典型案例。

然而，当下的小学语文课堂却呈现出与现实生活的疏远与隔离。统一的语文教材和严格的教学目标极大限制了教师授课的灵活性，对教材生搬硬套，形成了千篇一律的语文课，使得课堂教学缺乏生活气息和勃勃生机。这是由于我们的“教学没有正确处理好书本知识、间接知识与现实生活、直接经验的关系，没有将书本知识与现实生活很好地结合起来，没有将间接经验与直接经验很好结合起来。”①

每一个学生都是独特的经验个体，他们各自带着自己的生活烙印进入语文课堂，家庭氛围、学前教育或生活习惯等都影响着他们在语文课堂中的信息接收方式、学习效果、转换应用率等。而这其中教师的作用是帮助并指导学生将自身生活经验与语文课堂内容进行有机的结合和联结，从而激活学生的知识经验，调动他们的情感体验，加深他们对文字、语言的感受和体悟。学生个体生活体验仿佛是语文课堂与外界现实相联系的一扇窗，为语文教学提供生机与活力。

然而，目前的小学语文课堂却逐渐关闭了这扇窗。很多教师以完成既定教案为唯一目标，教材成了他们唯一的诉诸手段，他们往往忽视了对学生自身生活经验和情感体验的观照。在具体教学过程中，教师很少结合学生视域下的生活情景对新知识加以解释，很少从学生的概念出发去寻找支撑新知识的依据和材料，很少有意识地鼓励学生利用个体生活经验、文化背景进行个性化的认识解读，而是仅仅从教师个人知识经验的角度出发去理解、分析课文内容，生硬地讲授教材，对学生的接受情况进行主观判断而很少顾及学生是否真正理解并领悟了语言内涵。可以说，学生自身丰富而多元的生活背景和经验积累是他们理解语文课堂教学内容的重要基础，是真正领悟语言内涵的最佳途径，同时也是知识信息来源的渠道之一。而教师却很少有效利用起这一有效的生活资源，为学生构建理论知识与间接经验之间的联系，从而使得教学效果大打折扣。学生仅仅只能从外部力量强加给予的解释中获得表象理解，而无法达到对语言文字的身体“触摸”和心灵“感受”。

另外，来自师生自身的生活经验也可以直接成为语文教学内容在课堂

① 中华人民共和国教育部．中共中央国务院关于深化教育改革全面推进素质教育的决定——全国第三次教育工作会议文件汇编[G]．北京：高等教育出版社，2002：22.

上加工运用。这需要师生充分利用身边丰富的生活资源，并进行合理开发，从而为语文教学提供所需要的有效课程资源。课堂中的每一个主体都是各自生活的代言人，学生和教师的个体经验都能成为语文教学的资源，通过资源共享和情感互动，共同构成语文学习的统一体，从而增加各自间接经验的积累，使得语文课程资源不断丰富完善。目前的小学语文课堂缺乏优势资源和生活经验的共享机制，学生与教师在课堂学习之外几乎没有交集，课堂仅仅是教师复制教材和学生粘贴知识的地方，彼此之间缺乏深入的关乎生活的、情感的、心灵的沟通和交流。母语教学本应是一种对母语、生活、文化与学生等多元维度构成的认知活动，生活为语文提供内涵和灵魂，而现在的语文课堂大多只剩下形式的躯壳，母语的教学便缺乏了一种关于生命与生活的亲近感。

（三）教学过程缺失生态本色

教学过程是一个由教师、学生、知识、教材、环境等多方面因素共同作用构成的完整过程。教师与学生分别作为引导性主体和发展性主体，在教学过程中通过彼此的知识传递、信息整合，形成一套动态的双向互动机制。教师和学生在课堂中彼此分享，教师在学生的活动练习与自主学习中获得对教学的灵感和思考，学生在教师的指导下进行探究学习、合作学习，师生以各自丰富的生活经验开拓多元课堂信息渠道，由此形成一种现代教育意义上的教学相长。在这样一个灵活、自由、动态的良性循环过程中，无论是教师还是学生，两者始终保持着主体间的平衡关系，即教师避免进行过度的引导，学生不被给予过分的自由。

而目前的小学语文课堂，正如上文所说，教学主体间界限不明晰导致教学主体缺乏生命本色，从而引发了课堂“分工不均”的现实，课堂上教师过度引导和学生过分自由等现象屡见不鲜。语文课堂上教师的过度引导是传统教学弊病的残留。教师把控和主宰整个语文课堂，教案设计事无巨细，并完全依此按部就班地进行教学，甚至连学生对于某些阅读的理解和反应都全然在计划内，对学生突发奇想的疑问、超出预估的反应视而不见，却仍旧能够“从容”“巧妙”地推进到早已设计好的下一个环节。对学生的反应和对某些问题的掌握程度有提前的预估，是作为一个教师应有的教学能力，也是教学设计中必须考虑到的重要因素。然而，教师不能针对学生的课堂反馈对课堂教学进行灵活而及时的调整，固步自封地遵从“细致”的教案，以“上帝”的视角主宰整个教学过程，包括学生的学习成效。这样的教学仅仅空有其表，看似以学生的思维习惯、学习困惑为导向进行教学，实则是一种虚假的课堂形式，引导变成了操控，并不能真正给予学生自主思考、自由发挥的空间，甚至连学生消化吸收知识的时间都被教师过细的操作所占用。

另一方面，语文课堂上给予学生过分的自由则是对新课程理念的过度阐释和畸形发展。学生作为教学过程中的发展性主体，在语文课堂中享有自主思考、自由发挥的权力，但这并不意味着学生就可以在课堂上为所欲为、思维漫天飞舞。课程改革的指挥棒某种程度上给一些教师带上了镣铐，他们没有勇气和胆识去违背课改的规定，于是在课堂教学中慢慢变得缩手缩脚，尽量避免沾上“扼杀学生主观能动性”的嫌疑。于是，有些教师放任学生价值观上的偏误，不敢对学生下“错误”的判断，一些课堂成了各种表演、讨论、欣赏的玩乐场所。

还原语文课堂教学过程的生态本色就需要建立起一种师生与教学环境及其他因素之间动态互动的平衡机制。通过师生之间对课堂外在生活的互动、观照和联系，提升亲密感，从对学生生活意义上的基础了解到与课程体系形成互补，从而提高教学效果，这一教学的核心模式早在中世纪欧洲巴黎大学的文理学院的历史建制中就已充分获得了合法性验证。而当前的语文课堂成了单一且单向的认知工具，仅以书本教材的知识为尊，缺乏人与人之间的互动，缺乏生活样本的参与，这样的教学“从根本上失去了对人的生命存在及其发展的整体关怀”，①死板沉寂的课堂环境和教学生态无法包容充满生命活力的教育主体，却摧毁了横跨在教育主体间的、充满人性和生活性的爱与灵魂的桥梁，在教师、学生和教材间剩下的唯一纽带就只有脆弱的知识绳索，毫无生机可言，形成了缺乏动力、日暮途穷的教学生态。

① 汪霞．从教学的缺失谈课堂的革命[J]．教育科学．2000(3)．

专家视角

国学与小学语文

北京大学哲学系教授　杨立华

如果说，在墨守成规的时代有所开创是一种难得的勇气，那么在激进变革的时代保持审慎，就是一种不可或缺的明智。在新文化运动百年之际讨论国学在小学语文教学中的意义，我们首先要面对的问题是：当年的新青年们关于文学革命的种种思考是否都已过时？换言之，在重提老传统时，如何面对过去百年来形成的新传统？在我看来，与其期待对国学的强调成为治疗今天语文教学问题的药方，不如将其视为现有体系基础上的一种可能的养分，以更好地滋养孩子们（当然也就是中国文化）的未来。

在小学语文教学中，适度增加经典文本的学习，对于现代汉语的成长有重要的意义。从胡适、陈独秀倡导文学革命以来，以白话文为形态的文学，已经从根本上改变了中国的思想文化格局。这一改变的结果虽然不能用简单的好和坏来评判，但至少没有达到胡适等人对白话文的乐观期许。小学阶段的经典学习，成为一种向悠久的汉语传统获取生命滋养的努力。当然，在这一努力的方向上，古汉语和现代汉语之间的巨大差别是我们必须留意的。现代汉语之于古汉语，无论是表达的内容、形式，还是语言的韵律，都发生了质的改变。因此，过分关注古典文本中韵律较强的类型，比如唐诗，这样的基本取向是很有调整的必要的。这样的文本，对于培养和造就孩子良好的现代汉语语感，并没有什么帮助。反而极有可能成为一种束缚。也许《论语》《孟子》的平实叙述，司马迁、韩愈的质朴文风，更有利于孩子们语言和文字感觉的发展。至于难易程度，韩文不见得比杜诗更难理解。

人格的塑造是加强经典教育的题中之意。小学语文对于孩子人格形态的影响，往往比专门的思想品德课要大得多。在一个容易受到积极正面的力量感发的年纪，语文课本里某个动人的英雄形象，会瞬间沉入血脉深处，伴随孩子的一生。无论对于孩子个人的人生，还是对于他们将生活于其中的未来世界的整体，刚毅、正大、笃实、平易的人格，都将是至关重要的。在一个平稳丰腴的社会里，缺少张力的生活会导致心灵的懒惰。人们会把放任当成自在，将平庸认作淡泊。软弱阴郁与文雅混为一谈，矫揉造作同天真烂漫难辨。雕琢的古典文学造就出一个又一个冰雪般的心灵。朴素的语文教育不会让孩子在幻想中忘掉现实。相反，它要成为他们心灵深处持久的鼓舞和安慰。孔子称“质胜文”为“野”，“文胜质”为“史”，指向的正是一种文质相应的平正人格。当“雅”被误解成了“风”，其本义中固有的“正”的含义也就随风而去了。如果再多的风花雪月都不免红楼梦破，何不多读些《刺客》《游侠》来砥砺脆弱的心灵呢？

小学语文教学还担负着心智启迪的责任。传统经典是中国智慧的历史积淀的凝聚。强化国学经典的教育，当然也是在传承这些伟大的智慧。但应该强调的是，我们传递的智慧应有利于孩子健全人格的养成，而不是相反。如果不希望在幼小的心灵里种下虚无的种子，那《心经》一类的禅宗经典就该搁置起来。如果不想让孩子过早变得世故，那有什么必要让他们去接触那些容易腐蚀鲜活创造力的处世格言呢？与其让孩子读成年人都容易误解的《道德经》，不如让他们去背诵至少还有机智和童趣的《逍遥游》。中国的智慧是老到的，但这种老到之所以有别于市侩，实在于骨子里有无法磨灭的天真。要透过这老到的外壳，看到其中的天真，是需要非常透彻的眼光的。而这对于孩子，是无法奢求的。所以，还是选那些色泽明亮的智慧教给他们。这样，我们才能期求他们用明亮鲜活的心智照亮未来的路。

当然，国学教育在小学语文中的推进，关键还是在教师。只有对汉语经典本身有刻骨深爱的老师，才有可能让汉语成为孩子“唯一的行李”（北岛）。让孩子体会到汉语中“奇异的乡愁”，有时候，需要的只是晨光中老师的一段触动灵魂的诵读。我相信，只有那些深知自己是汉语心灵的塑造者的师者，才能诵读出汉语最动人的乐音。

专家视角

小学语文教育中的“文”

北京大学文学院教授　张颐武

现代社会的最基本假定是通过小学和中学的基础教育，让一个学生能够适应现代的生活，成为一个对社会有用的人。由这个假定，社会也建构起了一套基础教育的体制和架构。任何一个人都必然进入这个教育体制才可能成为一个合格的现代国民。这个假定和传统社会不同，传统社会并不把受过全面的学校教育作为进入社会的基本条件，但现代社会则把受过基础教育作为成为个体进入社会的前提，这当然在今天是自明的。而且随着教育生活的扩展，人类受教育的时间越来越长，高等教育非精英化的过程一直在持续，大学本科几乎也开始普及，从一种精英教育转化为普通的教育，硕士课程和学历也已经相对普及。这样的状况下，社会已经将小学和中学的教育设为一种生活的前提。小学教育就是孩子在进入社会之前的最初的系统性的教育，我们都熟悉“上学”是人进入系统训练的开始，小学的六年起着极为关键的作用，它既是教育过程的起点，又是迈向新的平台的基础和前提。

语文是小学教育的关键和核心学科，它其实是一项极为复杂的、系统的教育运作。它既是一套课程的制度安排，其中包括教材的选择、课程的设计与实施等，也是一项人的培养的工作，一项人文教育的实施，是对于孩子的人格培养的关键的教育。语文教育首先是让刚刚进入现代教育体制的孩子通过系统的训练开始对自己的母语有基本的了解，让他们能够有最基本的运用母语的能力，同时也是潜移默化地培养一个现代人的人格和认同所在。在这里,我们所看到的小学语文教育是全面培养人的心智和适应社会的基本能力的重中之重。这里有个值得探讨的问题,语文教育究竟是“文”的基础的训练还是“人”的品格和精神的培养?我以为两者不是对立的关系。

这里既涉及“文”的培养,包括现代人所需要的基本的语言训练,这当然首先是基本的阅读能力和理解能力的培养,同时是基本的文字表达和口头表达能力的培养。让学生能够有基本的理解和表达是语文教育的关键,也是语文教育对现代生活的意义所在。现代人生活在一个完全由文字文化和符号所构筑的世界上,理解和表达都是无法回避的。这两个方面的培养都是作为一个现代人不可或缺的最基本的素养。

首先是所谓“识文断字”,现代的小学语文教育最重要的是对于“文本”的理解能力。这种能力是一项基本的训练,这些训练包括对于语言的基本要素的反复训练所形成的能力和知识的积累,如对现代汉语的语音、语法和词汇基本理解能力,以及建立在其上的对于修辞的把握能力和文本意义的理解能力。有了这种能力,人才能有效地阅读和与人交流。这种训练是高度普及化的,是所有人必须具有的基本技能。没有这个技能就没有在现代生活中生存的能力,其他一切也就没有了基础。不像传统社会对于文字的能力有一种近乎神秘的敬仰,在现代生活中,文本的理解力就是一种生活的必需。小学教学首先要给自己的学生这种基本的能力,让他们在更进一步的中学的学习中加强这种能力。小学所要解决的正是基本的理解能力的培养。其次是基本的表达能力的习得。我们通过讲解和作文的训练,让小学生获得基本的写作能力,能够“文从字顺”地进行表达,这也是现代人的基础。

从理解能力看,随着信息时代的来临,家庭教育程度的普遍提高,孩子多方耳濡目染,阅读理解能力往往很容易获得,在课外的学习和课内的学习中都容易得到提高。当然，其理解力的全面提高还有问题，尤其是受到当下众多的图像文化无所不在的影响，孩子的“读图”能力和“文字”理解力之间形成反差，这还需要通过对文字理解的反复训练来解决。课堂的教学在理解方面的意义就在于形成对于“文字”的敏感性。语言的理解力其实依然是人的理解能力的关键。而这就仍然需要极为具体的、反复的基本语文训练，这其实是更多细节的训练。语言的素养其实来自大量的记忆、反复的训练所形成的基本能力。这方面的基本功如果在小学阶段得以强化，就会让学生在未来有更好地运用语言的综合素质。一砖一瓦是建设大楼的基础；一词一句，是人的综合能力的基础。对这方面进行反复训练才会有所进步。那种认为基本训练不重要，不应该抠字词的观点其实背离了语文教育的初衷。

第三节 “汉语危机”下，我们的改革实验

北大附小同样没有免受“汉语危机”的冲击，对于现实中存在的问题和改革所期望到达的彼岸，大家往往分歧不大，而在复杂的系统问题中最困难的是对恰当路径的选择和对问题的杠杆解寻找。在过去的十多年中，我们对此做了许多尝试，从实践效果来看，以下一些思路看来是较为有效的。

一、以“高眼光、大视野”重新审视语文

我们认为，仅从“语文教育研究”层面探讨语文教育是不够的，目前的语文学科定义范畴比较狭窄，很大程度上限制了语文教育的外延以及内涵的深化，我们须以更高的视角在更大的视野里面对其进行审视、思考。在所有

学科中,语文所承担的文化熏陶、文明教化的任务最重,我们首先需要从人的建设、发展的高度来思考语文教育。我们认为,理想的语文课程应该帮学生在接受历史的传承与准备未来的挑战间找到平衡,帮助学生在社会性和个体性中找到一种平衡。我们希望能够帮助我们的学生从人类文化的广大对象中明了自己的义务与责任,从自己个性的禀赋中发现自己的兴趣与才能,同时发现并发挥自己的独特价值。在一个健康的、社会的、独特的人的发展中,只有先形成较强的综合实践能力,最后才能够成为一个具有民族灵魂、世界眼光和人类情怀的独特个体,并为其幸福人生奠基。

这样的语文课程对教师的能力,对整个学校的教育理念,对学校资源的配置和整合的挑战都是巨大的,同样,对孩子一生的影响也是非常巨大、非常正面的。我们不断地尝试这个方向上的探索,希望能够在小学语文课程中给孩子们的人生涂上一缕亮色。

二、从工具论到发展论,把握语文学科发展方向

将语文视为工具,其指向为能力,即人胜任、完成某事的生理、心理条件,重在功用性。而这只是表层的东西。目前我们的教育非常注重知识掌握和技能训练,但是语文的最终指向是通过提升语文素养来提升生命质量,促进个体生命在最大可能限度内的和谐发展。基于这样的认识,我们须以发展的眼光来看待语文教学。它不单单是“应需”,更重要的是获得文化认同和人文积淀,帮助个体生命“享有他们为充分发挥自己的才能和尽可能牢牢掌握自己的命运而需要的思想、判断、感情和想象方面的自由”。[①]

我们的文化主要用文字来沉淀,生活主要靠语言来交流,但我们应该教给孩子的不仅仅是文字和语言的能力,更应该包括运用发挥这些能力的自由,以及享受由此带来的快乐。如果不从发展的眼光去看待语文思维,我们的教育在规范知识性传授的同时,很容易影响孩子的个性和内在的创造欲望,从而影响他们的长期发展。

---

① 联合国教科文组织国际21世纪教育委员会.教育——财富蕴藏其中[M].北京:教育科学出版社,1996:69.

三、从"母语""儿童""文化""生活"的维度构建"博雅语文"

现代哲学的一个基本精神和发展趋向是回归到人的现实生活世界，倡导从现实出发，倡导生成性思维，倡导多元化思维。我们尝试立足于这样一种哲学基点，以一种相互联系的视角，关注生命与生活的全域。我们以为，语文教育教学绝不仅仅是一个传递知识，形成基本听、说、读、写能力的过程，更是一个建构精神世界，促使灵魂转向，完善生命的过程，暗契着"何以为生"与"为何而生"的双域统一目的。这个过程是由关注母语、发现儿童、回归生活和以文化之共同演绎的。

我们在"博雅语文"课程中有意识地强调母语教育（狭义的"母语教育"即语文教育）的地位和作用，关注其特点，努力以能够体现母语特点和魅力的教育教学方式，让学生热爱并正确理解、运用祖国的语言文字，感受运用母语的快乐，从而促使学生和母语更加亲近。

同时，我们试图寻找人生的原始命意，发现儿童，尊重儿童，为他们提供一种适合其自由展示个性、情感、人格的空间与氛围，引导他们热爱、享受属于自己的语文及生活，并快乐地度过丰富多彩的童年。

在"博雅语文"中，我们努力关注儿童的现实生活，努力顺应其认知与理解、体验与感悟、交往与实践的生活形式，努力符合其发展性目的、游戏性质、"独立-依存"两重性的生活特点，努力把握其真、善、美的生活内容，以此为基础，勾连其既有知识、经验，激趣引情，产生熟悉感和亲切感，增强语文学习的自主性、能动性和创造性，化知识为智慧、德行、教养和生气勃勃的精神力量，使其服务于自己的生活，从而不断扩展和充盈其现实生活的丰富内涵和意义。

最后，我们以文化的眼光审视语文，以文化的视角解读语文。努力选择"那种蕴含民族精神、提升人生境界、富有艺术魅力的言语作品，那种具有人文色彩与价值倾向的汉语知识与文化，那种融入了情感与精神因素的言语实践活动"，[①]努力通过转变语文学习态度与思维模式，发掘课内外文化资

① 曹明海.语文教育观新建构[M].济南：山东人民出版社，2007：270.

源、诱发儿童审美欲望与需求，使儿童在学习语文的过程中涵养文化精神，促进文化意识的形成，建构情感和心灵世界。

通过这些尝试，我们在北大附小逐步建构了润泽心灵的“博雅语文”课程，在后续的章节中我们将对“博雅语文”的溯源、内涵、内容框架、课程资源，以及教学策略分别加以阐释。

第二章 “博雅语文”溯源

在北大附小构建的学校生命发展课程体系中，“博雅语文”课程是非常重要的一个组成部分。“博雅语文”的命名不仅仅是简单指向这个词语的字面意思，而是一种承载着两千多年历史，贯通中西教育的观念和范式。博雅教育这一概念在西方教育史上占据了无可替代的重要地位，从两千多年前的发轫到横纵交错的广泛渗透与现代转型，可以说博雅教育构成了西方源远流长的教育传统，也成就了风靡当今世界的自由教育与通识教育在理论上的积淀和实践中的勃发。因此，我们通过梳理博雅教育的历史脉络，试图从其丰富的内涵、外延及其厚重的历史沉淀中寻找养料、激发灵感，为北大附小“博雅语文”课程体系的构建提供历史依据和理论支撑。

第一节 博雅教育的历史发展脉络和概念变迁

我们口里常说的博雅教育在英文中对应的表达是 Liberal Education，“博雅”只是汉语对英文语汇的翻译，而 Liberal Education 也同样只是来源于对古希腊和古罗马术语的一种翻译。博雅教育在漫长的西方教育史上经历着形态、语义、内涵及外延的变迁和演化，形成一个动态概念。大体来说，

“这个术语本身经历了三次大的转型或变迁”①。英国人在 16—17 世纪通过翻译 Liberal Education 这个概念，从自由人与奴隶之间的两分法过渡到了绅士阶层与非绅士阶层的二元对立；到了 18 世纪末 19 世纪初，这个概念又被赋予了一层新的含义，即“非专业的教育”，博雅教育概念逐步与新兴的通识教育概念合流；从 19 世纪末开始，博雅教育以美国为阵地日益与自由主义意识形态产生勾连，从而演变为对所有公民的通识性教育，Liberal 的语义也由“博雅”转向了“自由”。

一、古希腊的古典“自由人教育”

在西方人眼里，博雅教育或自由教育概念源自对古希腊术语的翻译。2000 多年前，柏拉图在给密友狄翁支持者们的《第七封信》中第一次出现了这个概念的雏形——“有理智的人只有在‘自由的教育’(Eleutheras Paideias)中才能取得自信，‘自由的教育’使志同道合者结成友谊，而且是一种高贵的友谊。”②后来，柏拉图的学生亚里士多德在其著作《政治学》中进行了生发，明确提出了“适合于自由人的科学”(Eleutherion Epistemon)这一概念，③直接与“博雅学艺”(Liberal Arts 或 Liberal Disciplines)进行对应。亚里士多德的阐述非常清晰易懂，即在希腊语义中，博雅教育指的是一种适合于自由人的科学，或者也可以是一种文雅的科学、高尚的科学。因此，在这个阶段，博雅教育的含意主要指向两个关键点，一个是自由人(相对于野蛮人和奴隶)，一个是科学。

因此，在发源之初，博雅教育指的是一种城邦政治社会中培养理想的公民与自由民的非专业性教育，使得公民能够更好地参与政治，获得德行，过

---

① 沈文钦. 从博雅到自由——博雅教育概念的历史语义学分析[J]. 清华大学教育研究：2013，34(1).

② 沈文钦. 西方博雅教育思想的起源、发展和现代转型：概念史的视角[M]. 广州：广东高等教育出版社，2011：1.

③ 同上。

上美好的生活。[①] 同时，在接受博雅教育的条件方面，要求自由人在从事博雅学科的实践时须具有清晰的、合乎逻辑的思考能力，流利的演讲能力和娴熟的阅读能力。总而言之，Liberal Education 的希腊语源作为博雅教育的起源为后世的绅士教育提供了理论支撑和原型借鉴。

博雅教育古典语源的另一支脉络是其拉丁语源“自由人技艺”(Artes Liberales)。古罗马政治家、雄辩家、哲学家西塞罗在其《论取材》等著作中第一次提到了这个概念，可以将其翻译为“适合于绅士的技艺”“适合于自由人的技艺”，或者用其最高级形式表示即为“最符合自由人身份的技艺”[②]。“‘自由人技艺’的概念与西方思想对人性的看法(人文学)、对高贵的追求(高贵技艺)、对于知识与善之联系的看法(善的技艺)、对文雅和文明的渴望(文雅的技艺)紧紧联系在一起。自由人技艺、自由人教育的观念不仅仅是一个‘观念单元’，而是善、高贵、自由、人文的理念都汇集到了一起”[③]，形成一个家族概念群。

博雅教育拉丁语源自由人技艺的表达还见于塞涅卡的《第 88 封书信》，信中呈现了技艺的四大分类：粗鄙和奴性的；娱乐的；儿童的；自由(Liberales)的技艺，而儿童技艺就对应了罗马人的自由人技艺。[④] 因此，博雅教育在塞涅卡这里即相当于一种儿童技艺，指的是古罗马贵族子弟、自由民子弟在青少年时期的闲暇之余，所学习的一些基础性的训练心智的学科，具体包括文法、几何学、天文学、音乐等。[⑤]

二、中世纪自由技艺的基督教化与“七艺”

中世纪被庞大的基督教世界所笼罩，古希腊、古罗马文明下的博雅教育观念被看作是基督教世界里的异教文化，难免糟受宗教性改造的宿命，于

① 沈文钦.西方博雅教育思想的起源、发展和现代转型：概念史的视角[M].广州：广东高等教育出版社，2011：67.

② 同上书，第 71 页。

③ 同上书，第 95 页。

④ 同上书，第 98 页。

⑤ 同上书，第 100 页。

是，与神圣的神学知识相对应，博雅教育所指向的自由技艺便成为一种世俗性学问，仅次于神学，又要为神、为上帝服务，同时自由技艺是和“心灵与灵魂联系在一起”[①]的“纯粹的技艺”[②]，成为一种“心灵的官能或习惯”[③]。

古典文明、异教文化与信仰的世界性融合夹杂，产生了新的知识体系和文化，这便是经历了基督教化后的博雅教育。“这种教育的首要特征，就在于它是百科全书式的，或者说它力求成为百科全书式的。它的目标不在于以特定数量的知识门类教育学生，而是要以人类学识的总体教育学生。”[④]“对于基督教来说，教育的目标并不在于培养这样或那样的具体技能，而在于形塑整体上的心智。同样，为了形塑作为整体的心智，也就需要有作为整体的知识。”[⑤]

用来统一这庞大完整的百科全书式知识的内在逻辑法则是依靠对教育内容和课程的分类，形成了自由技艺在中世纪的演化形态——“自由七艺”。“七艺”成了一个专门术语，用来指对整个人类总体知识体系的概括——百科全书式的教育，它包括了七个知识门类或者说是七个基本学科。其中包括三科：文法、修辞、辩证法，以及四艺：几何、算术、天文与音乐。三科面向人的心智，是关乎人、自已、内在心灵和彼此心灵的学科，“采用一种一般的方式形塑才智”，并授予个体以思考和表达自己所需要遵从的法则和规律，所以又称为“交谈技艺”[⑥]；四艺面对外在物质、自然世界，“促成对外在现实，以及主宰这些现实的法则的理解，包括数字的规律性法则，空间时间的广延性法则，关于星宿星体的神秘性法则，以及主宰声音的法则”，从而构成我们和外部世界的关联，因此也被称作“实际技艺”[⑦]。

在加洛林文艺复兴时期，文法是塑造人的博雅教育的核心。文法是人

---

① 沈文钦.西方博雅教育思想的起源、发展和现代转型：概念史的视角[M].广州：广东高等教育出版社，2011：112.

② 同上书，第129页。

③ 同上书，第112页。

④ 涂尔干.教育思想的演进[M].上海：上海人民出版社，2003：58.

⑤ 同上书，第60页。

⑥ 同上书，第62页。

⑦ 同上。

们按照语言规则正确地使用语言,恢复正常的状态和姿态来面对人的基础,一个人心智的正常状态最先需要依靠对语言正确而合乎规则的使用。因此,文法的习得就是一种规则的建立,是人内在习惯和规律的养成,是人内在精神的规则性和秩序感的培养。相比于纯粹意义上的文法,修辞则是一定情景下对语言理解和使用的自然法则,包括了使用语言的处境是什么?使用语言的对象是谁?以及使用何种语言将达成什么效果?从对文法知识的图式阶段递进到具体实践阶段,体现了对规则的运用,对规则的实践和与具体人、处境的联系。辩证法是一种带有自主性的思维,是我们对某些事物、现象内在规则的自主性理解和把握。因此,涂尔干在《道德教育》一书中以这三科为基准,总结出了教育的三个核心目标:文法对应培养人的纪律精神;修辞对应人对社会的依恋感;辩证法对应人的自主和自觉精神。另外,涂尔干还在《教育思想的演进》一书中揭示了四艺的核心本质不仅仅是与外部事物建立关系,还通过数、形、天、音对外部世界纷繁复杂、抽象性的表达重新回归到人的内在心灵。综上而言,三科和四艺就是对人的心灵节奏和内在精神的培养和启发。

三、文雅社会与英国绅士教育

上文已经提到过,博雅教育一词是英国人在翻译古希腊、古罗马著作过程中发明的英文概念。他们在继承古典传统的同时又将这一概念与当时英国文雅社会中的绅士意象和文化联系在了一起,形成了一种英式的博雅教育观,主要从18世纪开始广泛盛行,并在19世纪发生了语义重心的转向,直到19世纪末之前,英国高等教育一直都被视为博雅教育的典范,英国则是近代博雅教育思想的源头。

18世纪的英国正处于礼仪社会的文明风潮阶段,绅士角色成了礼仪与文明的象征。这个时期对绅士的定义主要有文化与教育两个维度,文化规定了绅士所需要具备的品格和德行,教育提供了自由人获得绅士头衔的途径和机会。

因此,18世纪英国的博雅教育深受当时礼仪意识形态及文雅观念

(Politeness)的影响，成为对绅士进行的，以社会道德为指向的品德培养和反专业教育。这个时期，博雅教育中“博雅”一词的语义重心更偏向“雅”，指“高雅的”“文雅的”“符合绅士身份的”，博雅教育面向公民生活，抗拒专业教育，并以作为文雅知识的古典文学、古典语言为教育核心，旨在塑造和培养善于交际、风度翩翩、举止文明、谈吐高雅的文雅绅士。

到了18世纪末，博雅的语义重心逐步从“雅”转向“博”“通”，强调知识的广泛性、普遍性、全面性和通识性，博雅教育被等同于“非专业的教育”“与特定职业无关的教育”，通识教育的概念渐渐进入英国特定阶层的视野范围，并在19世纪中叶成为主流，与专业教育开始了尖锐的矛盾斗争。因此，在19世纪的英国，与通识教育几乎等同的博雅教育是一种以培养绅士为宗旨的、全面的、通识性的、非专业性的教育。①

除此之外，不同于18世纪的文雅观念，在英国著名教育家纽曼的《大学的理念》中，19世纪的博雅教育是一种对自由人心智训练的最佳手段，与实用教育相对，并成为大学的本质特征、核心使命及其安身立命的根基所在。博雅知识是一种非实用性、自为目的的、具有普遍性的知识，这引向了19世纪博雅教育所强调的两个重要原则，即非功利性和广泛性。博雅教育所传递的博雅知识是一种非功利性的知识，其脱离外部和内部目的，仅仅依赖自身的推理过程和哲学过程而成为一种“自足”的知识，因此也与哲学知识同义，并与实用技艺或机械技艺相对，②因而博雅教育便成了一种与实用教育、商业教育、专业教育相对的非功利性教育。另外，在纽曼看来，博雅教育还是一种“善好”的教育，博雅知识是一种“善好”的知识，其宗旨是“培养人的良好判断力”，“使人拥有受过教养的心智，精致的品位，正直、公正、冷静的头脑和高贵、谦恭有礼的行为举止”等，从而“使人更善”③。综上所述，19世纪的博雅教育主要指非专业性的通识教育，教授非功利性的、普遍的同时又是“善好”的博雅知识，从而对绅士阶层进行理智的培育。

---

① 沈文钦. 西方博雅教育思想的起源、发展和现代转型：概念史的视角[M]. 广州：广东高等教育出版社，2011：196.

② 同上书，第211页。

③ 同上书，第227页。

四、现代语境下的通识教育与自由教育

正如上文所提到，到了19世纪50年代，博雅教育一词的语义越来越和“广泛”“普遍”“宽宏”等意象联系在一起，博雅教育和通识教育逐渐合流成为教育学概念中的同义词，博雅教育完成了从“雅”向“博”“通”的重心转移，通识成了20世纪博雅教育的核心观念。

然而，20世纪倡导非专业化教育的通识教育理念却只在美国找到了生存的土壤，专业化教育在英国、法国、德国等国家一路高歌猛进，致使古典、传统的博雅教育在这些国家渐渐退位。美国的通识教育或者称自由教育，其英文表达与18—19世纪英国的博雅教育相同，均为Liberal Education，但两个概念之间留存着时代变迁的痕迹。在20世纪美国自由主义意识形态和语境中，Liberal的语义不再指向“高雅的”“绅士的”，取而代之的则是“解放的”“自由的”，因此，博雅教育成为一种“自由主义中的教育”[①]，它从“少数人的教育”变成了“面向所有人的教育”[②]，接受博雅教育成为所有公民的一项权利。可以说，美国的通识教育概念是古典博雅教育理念现代转型和革命性变迁的结果。

20世纪的博雅教育成为可以与自由教育或者通识教育互换的概念，而不存在任何实质性的区别，但与专业教育相互区分。通识教育“旨在培养学生成为一个负责任的人和公民”，而专业教育“旨在培养学生将来从事某种职业所需的能力”[③]，两者的目标和内容存在着差异，但却“同为人的生活的两个方面，是不能完全分离的”[④]，它们不是两种教育，而是构成了教育的两个部分。因此，现代博雅教育是作为一股平衡力量对专业教育的协调与补

① 沈文钦.西方博雅教育思想的起源、发展和现代转型：概念史的视角[M].广州：广东高等教育出版社，2011：294.

② 沈文钦.西方博雅教育思想的起源、发展和现代转型：概念史的视角[M]//〔美〕罗伯特·赫钦斯.民主社会中的教育上的冲突.台北：桂冠图书股份有限公司，1994：61.

③ 哈佛委员会.哈佛通识教育红皮书[M].北京：北京大学出版社，2010：40.

④ 同上。

充，以“将其通识的精神渗透到专业教育中去”[①]。

现代博雅教育是“建立在博雅文化之上的教育，指的是一种百科全书式的、宽广的文化，包括对任何真理的学习、对美和善的东西的追求”[②]，成为一种“心智训练”和德性培养。1891年，赫钦斯执掌芝加哥大学伊始，便致力于振兴自由教育或通识教育传统。在他看来，“整个西方教育的传统就是自由技艺的传统”，他继承中世纪“七艺”的理智主义传统，强调自由教育的任务是培养人的“理智德性”[③]。因而，通识教育的目标就是“在年轻人的头脑中培育某些才能和态度，培养人在社会中的美好品性”，这其中就包括了：(1)有效思考的能力，包括逻辑思维、关联性思维和想象力；(2)交流能力，表达自己并被他人理解的能力，而有效表达离不开良好的思维；(3)做出恰当判断的能力，包括能够辨识出任何领域中的各种能力的各种批判意识；(4)辨别价值的能力。[④]

“教育的目的是培养完整的人(the Whole Man)”，而这四种心智的“每一种都是心智正常的人的头脑不可或缺的功能”[⑤]。因此，通识教育要有意识地培养这四种心智品质，并且不能割裂它们之间的联系而使之孤立，从而培养公民完整的人性。所以，现代博雅教育不仅仅是单纯的科学教育或文学教育，而是一种全面、完整、广博、百科全书式的通识教育，既包括了传统博雅教育所包含的古典语言、数学、道德哲学，也囊括了人文科学、社会科学、自然科学。

第二节 中国传统儒化教育和近代中国的博雅教育

博雅教育源于西方古典语言，又经过英国的转译而来，因而汉语里的博

① 哈佛委员会.哈佛通识教育红皮书[M].北京：北京大学出版社，2010：45.
② 同上书，第305页。
③ 同上书，第299页。
④ 同上书，第50页。
⑤ 同上。

雅教育概念并非是一个中国本土概念，而是自20世纪初，由中国学者引入并经过了一个多世纪的演绎和阐释，成为当代中国高等教育领域通识教育运动的发轫。即使如此，作为教育大国，从古代孔孟儒学到世界上第一本教育专著《学记》，我国从教育学萌芽阶段便已经开始酝酿并积淀了深厚的人文教育传统和通才教育传统。我们发现，“中国古代教育的传统与17—19世纪英国的绅士教育或博雅教育传统是相通的”[①]，甚至可以说，中国古代儒化教育传统与西方中世纪的教育理念也同样不谋而合。

儒学作为一门显学，长期占据中国古代传统教育的主流地位，其积极入世的精神和“学而优则仕”的观念几乎弥漫了整个中国封建社会的历史。从奠定了中国古代思想教育体系的孔圣人开始，“庶、富、教”就是立国的三要素，教育更是维护国家统治、社会稳定发展的手段和根基，“道之以政，齐之以刑，民免而无耻；道之以德，齐之以礼，有耻且格。”教育与国家政治、法律、军事、社会风气等密切相关。因此，在中国古代传统教育理念中，教育的根本宗旨就是培养“仁以为己任、死而后已”的“士”或是“其行己也恭，其事上也敬，其养民也惠，其使民也义”的贤“君”。这与18—19世纪以培养绅士为目标的英国博雅教育如出一辙，都是为国家输送精英统治人才。

另外，以儒学为代表的中国古代教育传统强调教育对人美好德行的培养，以完善人格为教育的首要目的。“在孔子及后来儒家的教育学说当中，君子是一个全面发展、自我完善的人，是一个‘通才’。”[②]《论语集注》中对孔子的“君子不器”的“器”有这样的解释：“器者，各适其用而不能相通。成德之士，体无不具，故用无不周，非特为一才一艺而已。”《论语·述而》记载：“子以四教：文、行、忠、信。”“文”指的就是以合称为“五经”的《诗》《书》《礼》《易》《春秋》为内容的文化知识。另外，学生还必须掌握礼、乐、射、御、书、数的基本能力，文化基础知识和礼节，合称为“六艺”。行、忠、信则是对于君子道德行为的规范和要求，“仁”是儒家教育理念的灵魂。可以看出，当时教育

① 沈文钦．西方博雅教育思想的起源、发展和现代转型：概念史的视角[M]．广州：广东高等教育出版社，2011：14．

② 同上书，第111页。

的目标就是要培养出具有道德表率、德才兼备的君子，即通才。《论语·述而》中说：“子所雅言，诗书、执礼，皆雅言也。”“知书达礼，谓雅”，这与18—19世纪英国博雅教育理念中对“雅”的理解相契合，即一种谈吐文雅、举止礼貌、全面发展、具有完善人格的绅士。

到了近代中国，教育家们一方面继承了中国古代儒学传统，另一方面又深受美国20世纪开始的通识教育思潮的影响，通识教育革命运动在高等教育领域进行得如火如荼。北京大学的前身京师大学堂作为中国高等教育的发轫和源头，在建立初始就开始注重通才教育，主要体现在科目设置上。当时的课程分为“博通学”和“专门学”两类，囊括了经学、理学、中外掌故、诸子学、文学等。“通”“专”结合，共同构成一个完整的教育体系，这与西方自由教育、通识教育传统理念不谋而合。1917年，蔡元培出任北京大学校长，他对北大的教育宗旨定下总体基调，即主张文理兼通，造就硕学闳才，自由主义的高歌在整个北大的上空回响，孕育出了一代又一代自由发展、具有独立人格的学子。到了1938年，民国政府先后公布了《文理法三学院共同科目表》和《农工商学院共同必修科目表》，国文和外语列为所有大学生的必修课，这便是专业教育以外，面向所有学生的通识知识的教育，为中国当代高等教育的通识教育类课程设置体系化、制度化开了先河。

总体来说，博雅教育概念是中国现代大学近一百年的通识教育思潮的前身。但就当前教育改革和教育实际而言，通识教育的概念比博雅教育和自由教育常用的多。[①] 由此可知，虽然博雅教育的概念并非出自中国本土，但无论是由于中西文化的不谋而合还是互相的借鉴贯通、生发演绎，博雅教育精神和理念在中国漫长的教育历史长河中占据了无可取代的地位。北大附小就是在汲取了博雅教育精神的养分后试图提出和创建“博雅语文”课程体系的。

① 沈文钦.从博雅到自由——博雅教育概念的历史语义学分析[J].清华大学教育研究.2013，34(1).

第三章 “博雅语文”的构建及特色

第一节 北大博雅精神的历史传承

在北京大学未名湖东南湖畔，静静的屹立着一座博雅塔，它与未名湖及其南面的图书馆一起，被合称为燕园的一处胜景——一塔湖图。谢冕老先生在《永远的校园》中写道，“湖光塔影和青春的憧憬联系在一起，益发充满了诗意的情趣。”即使博雅塔其名与博雅教育并无直接关联，即使它曾经只是一座供燕大师生水源的水塔，即使如今它已成为了北京大学标志性的景观建筑，巍峨耸立的博雅塔依旧是一种关乎传统与血脉的、象征性的存在。

“博雅”一词似乎超越其他词汇的表达，涵盖了所有北京大学的过去与现在，那绵延百年、庄严无畏、勇锐抗争、独立向上、思想自由、兼容并包、科学求真、敢于创新的精神与气节。博雅塔不仅给予北大风景与诗意，还将一种“博雅”精神永远铭刻在北大传统文化的丰碑上。

北京大学的“博雅”传统不仅仅倚塔而立，更是依附于北大自由主义传统而生，因而，北京大学的“博雅”文化是自由主义传统熏陶下的一种精神内涵。当北大校长严复第一次将“自由”的概念引入中国之时起，北大便成为自由主义的阵地、近现代自由主义思想的摇篮，它肩负了为人的心灵与人格争取自由、捍卫自由的责任和使命。

北京大学校长蔡元培提出了“囊括大典，网罗众家，思想自由，兼容并包”的教育方针，奠定了北大精神与北大传统的基调。他在《北京大学月刊》发刊词上这样说：“哲学之唯心论与唯物论，文学、美术之理想派与写实派，计学之干涉论与放任论，伦理学之动机论与功利论，宇宙论之乐天观与厌世观，常樊然并峙于其中，此思想自由之通则，而大学之所以为大也。吾国承数千年学术专制之积习，常好以见闻所及，持一孔之论。吾校兼容并收之主义，而不至以一道同风之旧见相绳矣。”[①]蔡元培还在《我在教育界的经验》中说道：“依各国大学通例，循思想自由原则，兼容并包。无论何种学派，苟其言之成理，持之有故，尚不达自然淘汰之命运，即使彼此相反，也听他们自由发展。”[②]校长蒋梦麟、傅斯年等都延续了“大度包容”的办校宗旨。

北京大学的兼容并包不仅仅是一种教育、学术之理念，还继承了中国人道主义传统和忠恕、仁爱、信义的儒学思想，融汇了西方自由、平等、博爱的理念，成为一种对人格精神的要求和培养。[③] 北大自由主义传统和兼容并包的精神成为后来通识教育在北大开花的基础，从而形成了独具北大特色的博雅文化。

另外，蔡元培执掌下的北大注重德、智、体、美全面的教育和培养，尤其注重德育。他认为：“教育是以追求实体世界的最高境界为最终目的的，所有智育、体育、美育都是围绕这个最终目的开展并为此目的服务的”[④]，“智、情、意三者合和，使人达于真、善、美的境界，从而实现了传统思想中天人合一、知行合一、情境合一的理想，又达于真善美合一的人格思想。”[⑤]这应该是自由与包容的精神之外，北大博雅精神的另一种呈现。

---

① 刘军宁.北大传统与近代中国：自由主义的先声[M].北京：中国人事出版社.1998：547.

② 同上书，第546页。

③ 汤一介.北大校长与中国文化[M].北京：北京大学出版社.2010：62.

④ 同上书，第69页。

⑤ 同上。

第二节 “博雅语文”课程的构建维度

作为北京大学的附属小学，北大附小坐落于燕东园，与未名湖东畔的博雅塔隔街相望，与北大血脉相连，对北大文化更是一脉相承。秉承北大“思想自由、兼容并包”的办学方针以及中国儒化教育传统，培养博学、儒雅、具有独立思想与完善人格的北大少年成为北大附小的育人目标之一。北大附小语文团队也在这样的历史积淀和文化传承下，以内涵丰富而厚重的“博雅”概念为名，试图构建润泽心灵的“博雅语文”课程。

“博雅语文”的课程设定来源于对古典博雅教育精神的迁移和演绎，通过联系当代中国小学教育现状和北大附小教学环境，对其加以重新地阐释，北大附小“博雅语文”课程从“母语”“儿童”“文化”和“生活”四个维度构建其全新内涵。我们以为，语文教育教学绝不仅仅是一个传递知识、形成基本听、说、读、写能力的过程，更是一个建构精神世界、促使灵魂转向、完善生命的过程，暗契着“何以为生”与“为何而生”的双域统一目的。这个过程是由关注母语、发现儿童、回归生活和以文化之共同演绎的。

一、关注母语

中世纪的博雅教育表现为自由七艺，而文法是学校培养的首要能力和核心技艺。“语言是人类思想中一种整合得非常好的成分。思想固然是语言的前提条件，但在同样的程度上，也是语言才使思维成为可能……我们在处理语词、处理语言的时候，也就是在以某种直接的方式处理思想……在每一种语言中，都有一种内在的逻辑，而发掘这种逻辑，展示这种逻辑，就是文法要做的事情。”[①]另外，文法还有关于美学的内容。由此可见，语言本身就

---

① 涂尔干. 教育思想的演进[M]. 上海：上海人民出版社，2003：79.

是本民族文化的一种呈现，语言尤其是古典语言是一种渗透民族内在精神气质和赋予思维逻辑的方式，是内在的习惯和修养，通过在人的内在心灵建立一种无法根除的文明信仰和文化框架，使得这种以语言为表象的文化内涵真正浸透心灵而成为人灵魂中的永恒存在。

汉语是中华民族的标志、象征和灵魂。我们的母语绝不仅仅是工具，更蕴含着中国人的价值观念和对世界的认知，表达着中国人的思维方式和审美意趣。母语教育是“学生学好其他课程的基础，也是学生全面发展和终身发展的基础”，有“多重功能和奠基作用”，有“丰富的人文内涵”，“对学生精神领域的影响是深广的”。①

“博雅语文”课程有意识地强调母语教育（狭义的“母语教育”即语文教育）的地位和作用，关注其特点，努力以能够体现母语特点和魅力的教育教学方式，让儿童热爱并正确理解、运用祖国的语言文字，感受运用母语的快乐，从而促进儿童和母语亲近。

二、发现儿童

在博雅教育还处于拉丁语源阶段时，古罗马哲学家塞涅卡就已经关注到了儿童这一群体，他认为博雅教育所涉及的自由技艺都归属于一种儿童技艺。因此，在通识教育和自由教育理念弥漫整个高等教育领域时，我们还应当将视野下移，为小学生群体创造博雅教育的环境和教育机会。

小学教育教学的直接对象是儿童，其最终目标是指向儿童的发展。作为个体生命，儿童具有未特定化的特点，因而具有可塑性，这便使发展成为了可能。其潜在要求即是接受的教育应与儿童的特点相契合。

在“博雅语文”中，我们试图返回到人生的亲切处寻找它的原始命意，发现儿童，尊重儿童。每个儿童心中都有一颗语文的种子，只要给它温暖的阳光、新鲜的空气、适当的雨露，它就会在蓝天下快乐地成长。我们努力遵循儿童身心发展的基本规律和特征，为他们提供一种适合其自由展示个性、情

① 中华人民共和国教育部. 全日制义务教育语文课程标准[M]. 北京：北京师范大学出版社，2001.

感、人格的空间与氛围，引导他们热爱、享受属于自己的语文及生活，快乐地度过丰富多彩的童年，促进其身心得到充分而自由的发展。在教育教学中，研究儿童的既有知识、经验，“保证教学内容是适合学生的，并能纳入到其知识结构中”；研究培养儿童“认知策略和自我监控能力的方案，以达到指导、帮助和促进”其“知识建构的目的”①；研究如何激发儿童的兴趣、意象和同伴间相互启迪的作用。

三、回归生活

中世纪经基督教化而获得其合法性的自由技艺挣脱了“纯粹技艺”的枷锁，成了一种“在俗性”的学问和知识，博雅教育与人的灵魂联系在一起并成为一种心灵的习惯。博雅教育依傍所处社会的文化、信仰、宗教而得以存在，因此，人们通过博雅教育获得一种适应当下生活与文明的知识体系与文化能力。博雅教育之于生活的习性养成和生命的灵魂安放，有着重要的启示和借鉴作用。

生活是生命体的活动。著名学者梁漱溟先生说：“生命与生活，在我说实际上是纯然一回事；一为表体，一为表用而已，‘生’与‘活’二字，意义相同，生即活，活亦即生。”②从这个意义上说，教育须得回归生活。关注人的生活是教学的出发点和归宿。“教学活动与人的生活有着内在的本质联系：教学具有生活意义，生活具有教学价值。”③

在中国的思想家、哲学家看来，语言是人本性的活的见证，它与人生活的具体文化情境、情态和情致须臾不可分离。因此，语文要走进生活的灌木林。“博雅语文”返璞归真，倡导知行合一，让学生在生活中学习语文，学习有用的语文，把语文学习的成果应用于生活，甚至通过建设生活化的教室，来倡导生活化的语文课堂教学。

---

① 冯建军.生命化教育［M］.北京：教育科学出版社，2007：164.

② 马秋帆.梁漱溟教育论著选［M］.北京：人民教育出版社，1994：263.

③ 王攀峰.走向生活世界的课堂教学［M］.北京：教育科学出版社，2007：122.

四、以文化之

博雅教育在古罗马时期，古罗马哲学家西塞罗开始为其贴上了“人文”和“人性”的意象标签，除了教授自由技艺之外，还呈现出一种“文学性”的特征。在这层意义上，博雅教育不仅是一种知识或者技能习得的工具与手段，还是培养人成为一个善良、高贵、自由且具有人文素养的人的过程。因而，古典语言和古典文学就成了博雅教育所不可忽略的内容，从古代著述中获得文化与历史的勾连，从而为学生建构历史文化框架。

语文与文化如血肉同构。语文是文化的一部分，又是其重要载体。文化是语文的特质和灵魂，语文的教育教学，可以说是一种文化机制。“博雅语文”以文化的眼光审视语文，以文化的视角解读语文，努力通过转变语文学习态度与思维模式，发掘课内外文化资源，诱发儿童审美欲望与需求，使儿童在学习语文的过程中，涵养文化精神，建构情感和心灵世界。

同时我们试图去不断加强儿童与我们民族文化之间的纽带关系，使得他们可以从深厚的中华文化宝库里持续吸收养分，支撑他们的全面发展。

综上所述，“博雅语文”课程突破以往小学语文课程单纯的汉语教学目标，把眼光从语言知识向外辐射到一种关于民族文化、人格、思维和习惯的文明渗透，关注儿童在接受语言和文化渗透过程中的状态、情感与态度，关注他们和生活的连接。教育是要传递理智的观念和情感，“博雅语文”课程就是试图通过语言教学使得学生获得对母语的情感认同，获得自由的思维习惯，获得民族文化赋予的行为特质。

具体而言，“博雅语文”的“博”指向“兼容并包”，强调吸收与接纳，一方面是学生广泛汲取知识养分，另一方面也指语文教学内容从古典教育传统中获得启发与借鉴；而“雅”则指向“厚积薄发”，强调内化与呈现，一方面学生的行为举止或者文化积累都展现出儒雅与底蕴，另一方面也指向我们的语文教学在弘扬民族传统、传递人文精神上的目标。因此，“博雅语文”课程旨在培养学生“博览、善思、雅言、恭行”，除了教授汉语知识和实际应用，还希望学生在课程和教师的引导下成为博览群书、胸怀宽博；独立思考、善于思辨；谦和乐群、谈吐文雅；举止谦谦、慎言敏行；具有独立完整人格的博雅学子。

第三节 “博雅语文”的特色

基于不同维度构建的“博雅语文”教育，由于其维度、目标和方法的不同，其实践形式和当前大多数语文教学有所区别，也因此形成了自己的特色。本节将对这些特色做一些介绍，使读者较为系统地了解“博雅语文”课程。

一、构建自由开放的博雅课堂

自由开放的语文课堂是“博雅语文”课程的现实追求。自由是人的一种本性，追求自由是人的一种权利，18 世纪法国教育家卢梭就提出了“人是生而自由的”[①]这一重要命题。人的自由发展也就是人的个性自由的实现，教育的目的就是让人得到自由的发展，使人成为具有独特个性的人。在教育发展史上，不少学者都注意到了学生的学习自由在教育中的重要价值。德国著名教育家洪堡认为，学生在学习过程中应有探讨、怀疑、不赞同和向权威提出批评的自由。意大利幼儿教育家蒙台梭利则主张儿童应有活动的自由和发展的自由。美国著名教育家杜威突出强调了儿童应有自主学习内容、自主决定学习方式以及在力所能及的范围内自主探索什么事情能做和什么事情不能做的自由。德国著名哲学家舍勒则坚定地宣称：“自由是人的教育及其拯救的所有可能性的最基本和首要的条件！”可见，在教育活动中，无论是对教师而言，还是对学生而言，自由都是非常重要的。

自由可分为身体自由和精神自由，而精神自由是教育的一切可能性的

① 卢梭. 社会契约论[M]. 何兆武，译. 北京：商务印书馆，1980：8.

首要前提，因为教育是一种教人“为人”和使人“成人”的活动。“为人之道”区别于“为物之道”的根本点在于人的精神性，精神的自由一旦丧失，就意味着“为人”的自由被遏止。从学习的过程来看，学习的自由不仅是学生获得最大发展，人类从学习中获得最大收获的基本前提，还是教育能否称之为教育的根本保证。离开了自由的教和学都是反教育的。对于学习者而言，精神自由的丧失将使教育生活不再充满理性的愉悦，而成为无尽的智力负担与心智的折磨。对于学校和整个教育而言，个体精神自由的丧失将使学校不再是一个放飞人类心灵与精神的家园，而变成一个冷酷的千人一面的加工厂；教育也将成为人的一种异化力量，而不是社会个体走向成人的沃土。

北大附小一直秉承北京大学的“思想自由，兼容并包”的传统，历来尊重人的个性，尊重学生的差异，把培养学生的“思想之自由，精神之独立，个性之发展”作为自己的育人目标。北大附小构建的“博雅语文”课堂是开放的、自由的。在这里，教师可以发挥自己的特长，对教材内容进行选择和重构；在这里，学生可以根据自己的兴趣，对学习内容进行拓展和延伸；在这里，可以有不同的声音，多元的理解；在这里，可以有深入的探究，激烈的争辩。“博雅语文”课堂，给教师提供了一个自由的空间，给学生提供了一片自由的沃土。无论是教师还是学生，都会在“博雅语文”课堂上放飞理想，自由翱翔。

在具体实践中，我们在自主教学、构建自由开放的课堂上主要从以下几个方面入手。

（一）教师的自由——对教材内容的重构以及与艺术的融合

北大附小的语文教师各具特色，各具风格，每一位教师都有自己的特长和优势。为教师提供一个自由的空间，充分发挥他们各自的特长，构建百花齐放、各具特色的语文课堂正是“博雅语文”的魅力所在。

给教师以自由，放权于教师，北大附小的语文教师对教学内容拥有自主选择的权利。这里的自由不是放任自流，不是随性而为，而是以充分尊重和信任为前提。尊重教师对教材的把握，对学生的了解，对教育的理解。

1. 对教材内容的重构

教材是教师教学的依据，是学生学习的材料。我国著名语文教育家叶圣陶先生曾经指出："语文教材无非是个例子，凭这个例子要使学生能够举一而反三，练成阅读和作文的熟练技能。"[①]因此，教材不是高高在上的权威，对教材的盲从和过分依赖，势必限制教师的教学。众多学者对教材内容和教学内容做了区分，我国语文课程专家王荣生认为，语文教材的内容是语文教材具体形态层面的概念，它主要面对"用什么去教"的问题。为了使广大的学生较好地掌握既定的课程内容，语文教材的编制者提供"通常可以用什么去教"的建议。而语文教学内容是语文教学层面的概念，它同时面对两个问题：第一个问题是针对具体情境中的一个班、一个组乃至一个学生，为使学生更有效地达成既定的课程目标，实际上需要教什么；第二个问题是为使具体情境中的这一班、这一组乃至这一个学生能更好地掌握既定的课程内容，"实际上最好用什么去教"。语文教学内容既包括教师在教学中对现有教材内容的使用，也包括教师对现有教材内容的重构——处理、加工、改编乃至增删、更换；既包括对课程内容的执行，也包括在课程实施中教师对课程内容的创生。教学内容是在教学过程中创造的，它蕴涵着教师参与课程研制、教材使用、教学、为学生服务等理念。因此，教材内容是教学内容的一部分，但不是全部。教学内容，既来自于教材，更来自于教与学的努力与创造。

北大附小的语文教师在"博雅语文"课程中就根据自己对教学内容的理解和把握，对教材内容进行选择和重组，把固定不变的教材内容变成灵动实用的教学内容，打破了教材的限制，激发了学生的学习兴趣，从而更好地为语文教学服务。例如，五年级的语文老师就曾对单元进行了整合，他们针对五年级下册每个单元进行细致备课后，发现这些零散的单元在题材和内容等方面有相通或共同之处，如表 3-1 所示。

---

① 叶圣陶. 叶圣陶文集(第三卷)[M]. 北京：人民教育出版社，1994.

表 3-1 八个单元主题

单元	单元主题	备注
第一单元	走进西部	地域特色,风土人情
第二单元	永远的童年	情感
第三单元	语言的艺术	中外名著,艺术
第四单元	他们让我们感动	情感
第五单元	中国古典名著之旅	古典名著,小说
第六单元	走进信息世界	研究报告
第七单元	作家笔下的人	名著,性格鲜明
第八单元	异域风情	地域特色,风土人情

经过比较后,老师们发现把相似内容的单元进行组合,会让学生学会比较各自的特点,感受不同文本的语言特色。于是,他们将八个单元的教学顺序重新调整、组合,变成了三个大的板块,如表 3-2 所示。

表 3-2 整合后的三大板块

板块	单元	主题内容	备注
板块一	第一单元 第八单元 第六单元	中外文化风情	将第一、第八两个单元的内容整合学习,便于对比中外文化风情的不同特点,课下将自己感兴趣的内容结合第六单元学习的利用现代化手段获取信息的方法,搜集资料撰写研究报告,并以小组的方式进行展示汇报
板块二	第二单元 第四单元	体会动人情感	这两个单元的课文都呈现出人类美好的情感,通过整体学习,体会情感表达的方法,加强对情感表达的认识
板块三	第三单元 第五单元 第七单元	阅读经典名著	这三个单元的内容多取自中外名著。在教学中,通过对比学习不同国度、不同体裁的经典名著,引导学生体会不同文本的语言表达特点,感受语言的魅力

通过对单元内容的重组整合,让学生进行大板块的学习,不仅节约了一定的教学时间,而且让学生在对比学习中,比较异同,体会文本的特点。同时,老师用节省出来的时间,安排学生做了一系列的实践活动。撰写研究报告,进行汇报展示。在学习完板块二后,老师可推荐书目,让学生阅读《呼兰

河传》。学生读完书后，围绕书中印象最深刻的人物进行交流。在学习完板块三后，学生根据自己喜欢的课文内容编排课本剧，并自行组建课本剧社团进行排练。

2. 与艺术的融合

语文是一门综合性很强的学科，语文与艺术密不可分。在“博雅语文”的课堂上，我们打破了学科的限制，根据语文自身的特点，融合了其他学科的元素，给语文教学带来了新的活力，也给语文学习带来了新鲜的气息，从而激发了学生学习语文的浓厚兴趣。下面以语文与美术、音乐、影视等的融合为例进行阐述。

(1) 与美术的融合。

画是造型艺术，诗是语言艺术，它们都是人们寄托和宣泄自己情感的载体，两者虽属于不同的艺术范畴，但它们在意境的追求上是相通的，可以说有着互渗互融的关系。早在公元前5世纪，古希腊抒情诗人西摩尼得斯就揭示了这种关系：“诗是无声的画，画是有声的诗。”北宋大诗人苏东坡在《书摩诘〈蓝田烟雨图〉》中对诗中有画，画中有诗、诗画结合方面取得了独到艺术造诣的典范代表——唐代诗人王维作了高度评价：“味摩诘之诗，诗中有画；观摩诘之画，画中有诗。”总之，诗与画是人们的审美情怀在形式上的不同表现，它们渊源相同，比肩同行，互相交织，融会贯通。以上是不同国家不同时代的代表人物，从不同的角度阐述了诗与画的共通性，为诗与画的完美结合提供了坚实的理论依据。

在“博雅语文”课堂上，北大附小的老师就抓住了诗画合一这一独特艺术因子，在诗歌教学中，通过对诗歌的诵读、理解、想象，让学生运用美术绘画的形式，给诗歌配上图画。从而使学生在诗情画意的相互诠释中，逐渐积淀和丰富他们的人文素养。

古诗教学的目的是让学生了解古诗的内容，感受古诗的意境，在古诗诵读中陶冶情操，享受古诗文化的熏陶。由于主客观因素，小学生学习古诗还存在不少的困难，虽然课文有插图，但这些插图还远远不能描绘出古诗中的全部意境，而在教师引导下学生自己创作的独特的诗配画，能很好地引导学生进入诗情画意，体验古诗的独特韵味，触发学生的形象思维，使他们受到人文思想的陶冶。

诗配画是把抽象的文字内容进行再创造后转换为直观、形象的绘画语言的过程，是学生形象思维的具体呈现。小学生习惯于形象思维，所以，对诗配画的练习，他们会比较容易感兴趣，学习效果也会比较好。在诗画合一教学实施的过程中，鲜活灵动的诗画文化逐渐走进了学生的心里，陶冶了学生稚嫩的心灵，丰富了他们的学习生活；学生的审美意识不断得到培养，创新精神不断得到开发，实践能力不断得到增强，诗画能力得到显著提高。

下面这几幅诗配画就是学生自己根据诗歌意境创作出来的。

图 3-1 学生作品《绝句》

图 3-2 学生作品《嫦娥》

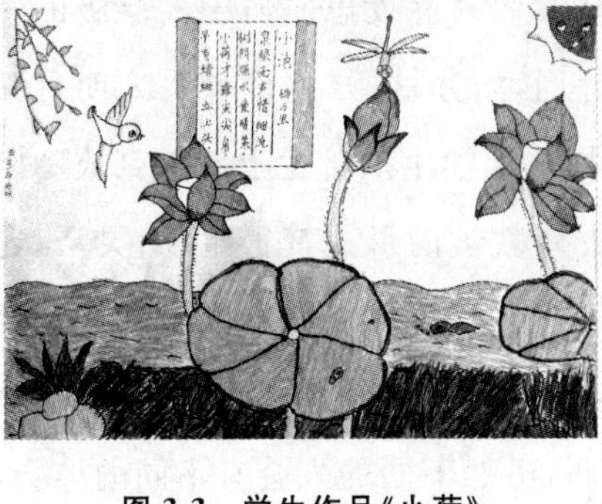

图 3-3 学生作品《小荷》

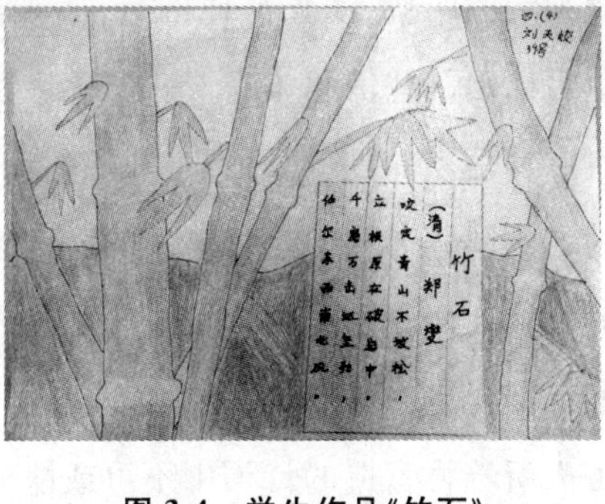

图 3-4 学生作品《竹石》

(2) 与音乐的融合。

《毛诗序》中曾写道:“诗者,志之所之也,在心为志,发言为诗。情动于中而形于言,言之不足故嗟叹之,嗟叹之不足故永歌之,永歌之不足,不知手之舞之,足之蹈之也。”这一段话就是说明诗歌与音乐乃至舞蹈都是紧密相连的。语文学习中,无论是现代课文的朗读,还是古诗词的吟诵,都离不开音乐的节奏和韵律。因此,在语文教学中,适时地加入一些音乐元素,不仅能给语文课堂增添新的活力,而且还能激发学生的兴趣,调动学生的情感,从而丰富他们的人文素养。

北大附小王艳玲老师在带着学生学习古诗词时发现,只停留在讲讲、读读、背背的形式上,难免有些单调。如何让学生们以喜闻乐见的形式学习古诗词呢?王老师便想到了与音乐相结合的形式,通过唱古诗的方式来提高学生的兴趣。中国的古诗词本来就是文字和音乐紧密结合的,古人也都是和着曲调来唱的。所以,让学生配上音乐来唱诗词,既符合诗词本身的特点,孩子们也乐在其中。

让学生学唱古诗词时,王老师先让学生给所学的古诗词配上自己熟悉的歌曲旋律,然后和着旋律来唱古诗词,这样学生们就避免了单纯背诵的枯燥乏味,极大地提高了他们学习古诗的积极性。另外,教师根据学生的学段特点,选择不同特点的诗词和音乐,让他们反复吟唱并表演。低年级的学生演唱活泼明快、浅显易懂的诗词,如《春晓》《鹅》《静夜思》等;中高年级的学生可以唱一些情感丰富,有思想深意的诗词,如苏轼的《水调歌头·明月几时有》、岳飞的《满江红》、李清照的《一剪梅》,让学生从听觉上感知豪放和婉约的不同。通过学唱古诗词,不仅能将古诗教学的形式变得生动、灵活,还能极大地调动学生学习的积极性,更可以把文字的可视性和音乐的可听性相互结合起来,从而更有效地促进学生对于古诗词中意境的体会。意境是古人所着力营造的诗词中不可或缺的东西,虽然不同的人会有不同的体会,但大都只可意会不可言传,学生在借助音乐的艺术形式吟唱古诗词的过程中得到了很好的感悟。所选音乐或清新活泼,或柔美婉约,都很好地表达了诗词的意境。音乐的旋律与诗词的内容所描写的意境很好地结合起来，在学生边唱边表演的过程中，静静流淌进每个孩子的心灵深处。

（3）与影视的融合。

在新兴媒体大行其道的当今社会，影视已成为人们日常生活中不可缺少的部分，电影电视以它独特的艺术形式被越来越多的人所喜爱。而在国外，媒体素养也已被列入中小学生的培养目标之一。影视作为一种综合艺术与文学密不可分，在语文教学中，引入影视资源，可以丰富语文课堂，激发学生的学习兴趣，提高学生的审美情趣。

首先，影视作品产生的基础是影视文学剧本，它是一种文学体裁，可以供人阅读；它具有文学的因素，可以用来作为语文学习的素材。其次，影视是将绘画和戏剧、音乐和雕刻、建筑与舞蹈、风景与人物、视觉形象与有声语言融合在一起的综合体，其中视觉形象是它最重要的因素。影视教学可以促进学生记忆，有利于知识的积累。影视以其丰富性、多变性吸引着充满好奇心的孩子们。将影视艺术应用于课堂正是利用其丰富的资源和视觉效果。这样既发挥了影视文学的长处，也调动了学生的学习积极性。影视资源为小学语文教育提供了大量的视觉素材和声音素材，这些素材都是提高学生的语文学习能力的重要资源，特别是对小学阶段的学生，他们抽象思维的能力还不强，生活经验不足，在文字和语言理解上难免会发生困难。

语文教学如果能够结合相关的影视资源，那么对提高教学效果将会起到有效的辅助作用。例如，在教授毛泽东的《七律·长征》一课时，教师发现这首诗是毛泽东对红军长征的总结，是一个高度的概括，里面涉及了很多长征的战争故事，而学生对这些都比较陌生。所以，教师在教授这一课时，先给学生播放了电影《长征》，让学生对长征有一个整体的认识。通过影片，学生了解到长征的背景以及遭遇到哪些战争，从而更加深刻地认识到长征中遇到的困难和长征的不易，也更能理解这首诗所体现出的红军的那种大无畏精神。

（二）学生自由——对学习内容的自主选择和探究

自主，顾名思义就是自己做主，自己做自己的主人，强调的是主体意识和自我意识。探究是主体通过独立地发现问题、搜集并处理信息等探索活动，获得知识、技能，培养创新能力和科学精神的过程。《义务教育语文课程标准》（2011年版）（以下简称《语文课程标准》）指出：学生是语文学习的主人，语文教学应激发学生的学习兴趣，注重培养学生自主学习的意识和习惯，为学生创设良好的自主学习情境，尊重学生的个体差异，鼓励学生选择适合自己的学习方式……应着重于学生的探究精神和创新意识。尤其要尊重和保护学生学习的自主性和积极性，鼓励学生运用多种方法，从不同的角度，进行多样化的探究。可以看出，自主探究已成为新课程改革中提倡的学习方式。

自主探究是指学生在教师的教学指导下，通过能动的、创造性的学习活动，实现自主性发展的教育实践活动。其实质就是尊重学生的主体地位，发挥学生的主体作用，调动学生的积极性，从而使学生能够主动、积极、独立地进行学习活动。自主是探究的基础，探究是在自主的前提下进行的深一层的思维活动。两者不能独立分开，它们是一种学习活动的两个侧面。自主强调的是学生学习的独立性、自觉性；探究强调的是思维活动的深入性、探索性。

在“博雅语文”课堂里，不仅老师有自由的选择权，学生也有自由的选择权。学生可以在老师的激发引导下，自主地选择进一步探究的内容。在这里，学生的自由，不是漫无目的，不是放任自流，而是在教师指导下的自主探究。它是以教师对学生的充分尊重和信任为前提的。“博雅语文”课堂给学生提供了一个宽松自由的环境，调动了学生的兴趣，激发了学生的内在潜能，发挥了学生的特长，让学生在自主探究中获得了成长。

比如，五年级的学生在学习了第一、第八单元后，对中外文化产生了浓厚的兴趣，教师顺势引导他们做一下研究报告。学生的热情很高，教师引导他们自由结合成学习小组，并在小组内讨论确定本组的研究主题。在此之前，教师先向学生介绍了上一个年级学生的研究报告题目，给学生以启发，开拓了学生的思维，他们很快就自己喜欢的主题讨论起来。但学生的研究主题通常会很大、很空，所以，教师需要引导他们一步步将研究主题调整到既可以操作又具有一定的挑战和难度。经过一节课的讨论，(一)班的 9 个研究小组确定了以下几个主题，如表 3-3 所示。

表 3-3 学生研究报告主题

组号	研究主题
1	威尼斯与乌镇民族文化的不同
2	中国水墨画与外国油画的特点比较
3	关于日本和中国在节日、服饰及婚礼等习俗方面的对比
4	日本与美国节日对比
5	中国陶瓷与威尼斯玻璃制品
6	中国国宝与泰国国宝
7	威尼斯的小艇与中国龙舟
8	中国春节与美国圣诞节的区别
9	中国历代宫廷服饰特点对比

各小组确定好研究主题后，学生开始分工合作查找资料，并进行资料比较、整理，完成研究报告后，他们各自选出代表进行展示。以下是几组学生的研究结果。

第 1 组：威尼斯与乌镇民族文化的不同。本组学生用课件呈现了他们的研究结果，如图 3-5 和图 3-6 所示。

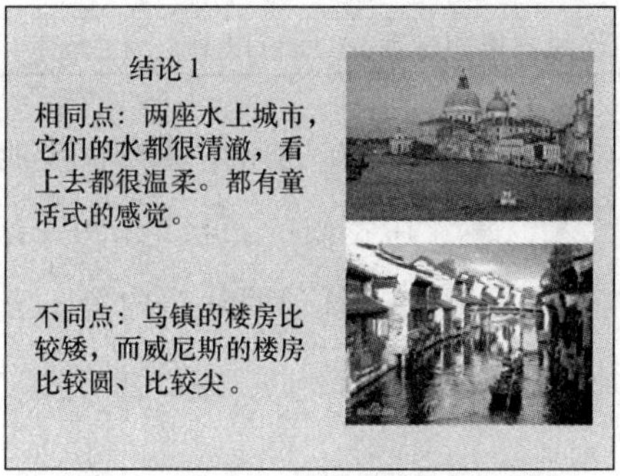

图 3-5 第 1 组学生研究结论 1

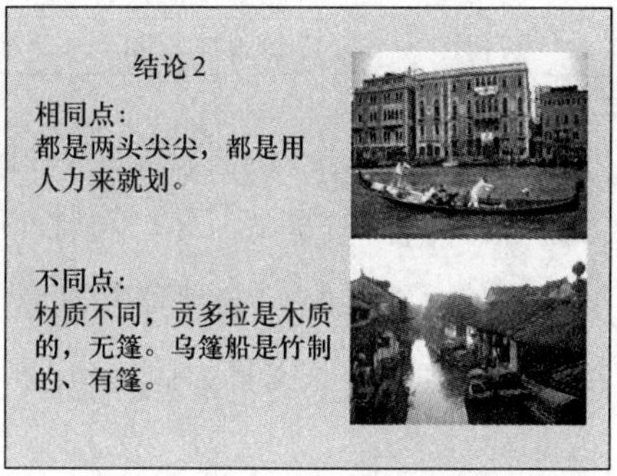

图 3-6 第 1 组学生研究结论 2

第 1 组的学生在总结中写道：“这两座水上城市虽然风格大不相同，但是都具有浓郁的民族特征，古老神奇而又美丽非凡。水乡是最适宜人静船歇的时候去窥其真面目的地方，乌镇是一幅水墨画，而威尼斯是一副浓艳的水彩画；乌镇精致而细腻，威尼斯雄壮而沉静；乌镇是靠哗哗柔棉的水声讲述着历史，而威尼斯是靠塔顶上的钟声传播安宁。”

第 2 组：中国水墨画与外国油画的特点比较。第 2 组的学生用表格形式呈现了他们的研究结果，如表 3-4 所示。

表 3-4　水墨画与油画特点比较

	相同点	不同点
创造工具	水墨画和油画所需的工具范围都很广泛	油画颜料比水墨画颜料的真实性强
作画风格	都很抽象	油画色彩更为丰富
作画技法	用笔方法很多	水墨画线条更流畅，油画顿笔多

第 9 组：中国历代宫廷服饰特点对比。这组的学生也用表格呈现了他们的研究结果，如表 3-5 所示。

表 3-5　中国历代宫廷服饰特点对比

朝代	服饰特点
唐朝	服饰图案有凤的纹样，有牡丹花纹样，盛行翘圆头鞋
宋朝	服饰以曲领大袖，腰间束革带为主要形式
明朝	上衣花冠裙袄，大袖圆领，颜色缎上绣出花鸟纹饰，带边镶以金线
清朝	皇帝朝服披领和上衣下裳相连的袍裙相配而成，颜色以黄色为主

学生的研究报告，资料充实，对比中得出的结论颇有见地。虽然有些地方还有待完善，但是每一场汇报都带给大家惊喜。在我们的家长论坛中，有一位家长这样写道：“威尼斯与乌镇的特点比较是初一孩子的学习内容。五年级的学生竟然研究得如此细致，真为他们感到骄傲！”

二、架构多样分层的博雅阅读

书籍，是人类宝贵的精神财富，阅读以其独特的价值历来为“博雅语文”所重视。中国阅读学会会长曾祥芹认为：“其一，阅读对完善个人求知、开智、立德、审美、养身，从德智体各方面完善读者自我素质，对整个社会的精神文明建设发挥了巨大的作用;其二,阅读是学习之母,阅读是教育之本,阅读是生产之力,阅读是治国之术,强民之法。”[①]我国著名教育家朱永新更是指出:“一个人的精神发育史就是他的阅读史;一个民族的精神境界取决于这个民族的阅读水平;一个没有阅读的学校永远不可能有真正的教育;一个书香充盈的城市必定是一个美丽的城市。”在教育中,阅读经典作品尤其重要。德国诗人歌德曾说过:“读一本好书,就是和许多高尚的人谈话。”我国作家余华曾说:“经典作品的优点是可以反复阅读,每一次的阅读都会使我们本来狭窄和贫乏的人生变得宽广和丰富,或者说使我们的心灵变得宽广和丰富。”我国著名学者钱理群先生曾说:“学校教育主要任务之一,就是引导学生阅读经典——人类与民族精神文明的精华正凝聚于其中。阅读经典可以使学生从一开始就占据了精神的制高点。这对他们的终生学习与精神发展意义绝对不可低估,而且可能与流行的快餐读物的阅读形成了一种张力。这对学生的健全发展也是绝对必要的。”可以看出,无论是对语文学习,还是个人成长,阅读都是非常重要的。北大附小历来都十分重视学生的阅读,把提高学生的阅读水平作为学校教育的重要目标之一。

(一) 整体规划阅读

在浩如烟海的图书中,如何给学生选择适合阅读的经典书目,一直是北大附小“博雅语文”所探索的。

朱永新认为,在所有人群的基础书目中,小学生的基础阅读书目最为重要。他曾经指出,童年的秘密远远没有被发现,童书的价值远远没有被认识。对于人的精神成长而言,学校教育就相当于母乳。学校把人类最重要的知识,用比较科学的方式,整合成为适合儿童接受的形式和内容,在比较短的时间内让学生掌握。但是,学校的教育,学校的教科书、教辅书不可能代表儿童成长的全部精神食粮,就像母乳不可能伴随孩子终身。孩子需要自己的精神食粮,精神的成长依赖于阅读适合年龄发展的优秀作品。儿童的阅读有许多关键期。在生活的每一个时期,儿童都会产生不同的精神饥

---

① 梁春芳.推进阅读行动加快知识创新——中国阅读学会第九届年会综述[J].中国出版,2006(6).

饿感，需要阅读不同的作品，一旦错过了关键期，精神上的缺失就比较难以弥补。这就是《学记》所说的“时过然后学，则勤苦而难成”。而小学阶段则是所有关键期中最为关键的。现代科学虽然还缺少精确的量化研究，但是心理学界一致认为，对孩子来说，阅读是一种全方位、多维度的智力体操，它能使孩子的头脑逐渐变得灵活、敏捷，并进一步促进孩子心智的全面成长。在阅读图画书、讲故事、诵读童谣儿歌、用图画表达的过程中，儿童的思维与语言能力都能得到自由的发展。

“博雅语文”课程从制定阅读目标、筹建博雅书库、提出实施建议、倡导多元评价等方面，试图给孩子提供一个系统的阅读工程。

1. 制定阅读目标

阅读目标分为以下几个阶段，如图 3-7 所示。

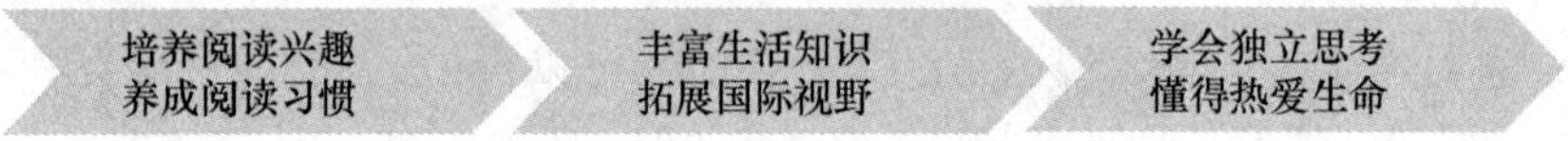

图 3-7　阅读目标的三个阶段

我们为不同年级段的学生设置了不同的阅读目标，如表 3-6 所示。

表 3-6　各年龄段的阅读目标

年级段	阅读目标
低年级	(1) 通过多种途径培养学生阅读的兴趣 (2) 养成爱护图书的习惯，对书本做到轻拿轻放，不折角、不撕页 (3) 愿意大声朗读，主动与他人分享阅读的内容 (4) 每天课外阅读的时间不少于 15 分钟
中年级	(1) 广泛阅读，能够挑选自己喜欢的读物，养成借阅、交换图书的习惯，感受阅读带来的乐趣 (2) 在阅读过程中，能感受作品中优美的语言，关心作品中人物的命运和喜怒哀乐 (3) 愿意主动与他人交流自己的读书感受，能提出自己的看法，做出自己的判断 (4) 培养写读书笔记的习惯，愿意积累书本中自己印象深刻的语句 (5) 每天课外阅读时间不少于 20 分钟，每学期课外阅读量不少于 25 万字，养成阅读的习惯

续表

年级段	阅读目标
高年级	(1) 通过阅读,增长知识、拓展视野、了解多元文化,感受作品的情感与内涵,了解作品大意 (2) 有选择地看书,喜欢阅读经典作品,并初步感悟作家的写作风格 (3) 能就书中的内容或语言提出自己的疑问与看法,能独立思考,做出批注 (4) 主动与他人交流阅读的收获和感悟 (5) 养成去书店看书、买书,去图书馆借书的习惯 (6) 每天阅读的时间不少 30 分钟,一周看课外书的时间不少于 5 小时,每学期课外阅读量不少于 30 万字

2. 筹建博雅书库

为了方便孩子们进行课外阅读,我们建立了博雅书库,也收录书目供学生选择。博雅书库选择书目的标准主要是适合孩子阅读,符合儿童阅读心理的一般规律,贴近生活,文质兼美。而选择的途径可以来自专家的推荐、老师的推荐、家长的推荐,或者学生自己的推荐。

根据不同的年级段,我们将博雅书库分为(一)、(二)、(三)三个级别。不同级别的博雅书库都是根据相应年龄段孩子的阅读特点及阅读心理来选择图书的,以期收到最好的效果。具体划分及内容如表 3-7 所示。

表 3-7 三级博雅书库不同特点

博雅书库	对应孩子群体	孩子阅读特点	图书特点
博雅书库(一)	主要针对一、二年级学生	识字量较少,文字阅读速度较慢	绘本、带拼音的儿童文学书为主
博雅书库(二)	主要针对三、四年级学生	识字量增加,阅读兴趣提高	经典儿童故事书、改编的中国古代名著
博雅书库(三)	主要针对五、六年级学生	识字量普遍增大,具有了一定的阅读基础,兴趣广泛	世界名著(原著)、历史、科技、地理等各种类别

3. 具体实施策略

在纵向上,根据不同的年龄,我们为学生提供一个阶梯式的阅读资源，如图 3-8 所示。一年级的“绘本之旅”，从兴趣出发，激发学生读书的积极性；二年级的“跨越桥梁”，从习惯养成出发，逐渐培养学生自主阅读的能力；三年级的“文学启程”，注重学生的交流，逐步走向纯文字的整书阅读，初步培养学生小说阅读的方法；四年级的“博览之旅”，关注阅读内容的广博度，使学生懂得如何选择恰当的读物打开视野，如何进行主题延伸阅读；五年级的“人文之旅”，引导学生进行深度阅读体验，指导他们学习图书馆信息运用的初步技能；六年级“典藏启蒙”，注重个体深度阅读，侧重名家名作阅读策略指导，利用思维导图策略进一步发展学生的思维深度与广度。

在横向上，我们以丰富多彩的读书活动为纬线，为学生提供一个个鲜活的场景。

4. 多元评价

一千个读者，就有一千个哈姆雷特，阅读是一个个性化的行为，即使对于同一本书每个人的阅读感受也是不同的。所以，“博雅语文”课程对于学生的阅读评价也是多元的。每个学生可以根据自己的兴趣选择不同的评价方式，如自评、同学互评、他评（老师评、家长评）等，都可以作为一种评价方式。在这里，学生可以自由地发挥自己的特长。对学生阅读评价的多元化，不仅是对他们个性的认可，也是对他们才能的尊重。

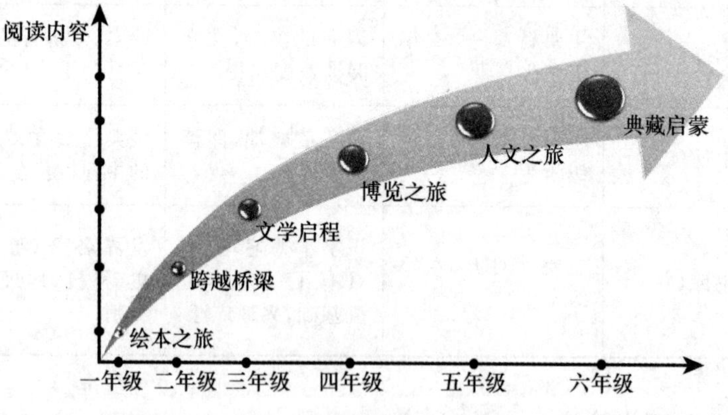

图 3-8　博雅阅读阶梯发展图

（二）多样化的阅读

《语文课程标准》指出，“阅读是学生的个性化行为。”[①]“加强对课外阅读的指导，开展各种课外阅读活动。”[②]可见，在语文学习中，多样化的阅读和多种形式的阅读活动十分必要。在“博雅语文”课堂中，我们运用多种多样的阅读方式，开展丰富多彩的阅读活动，这些对激发学生的阅读兴趣，提高他们的阅读能力都起到了积极的作用。

1. 共读一本书

共读一本书指的是教师推荐一本书，全班学生共同阅读，阅读完成后进行汇报交流。

共读一本书活动中教师推荐的书目常常是必读书目，这种形式也非常普遍，教师讲完一篇课文后，可以根据课文内容给学生推荐相关书目，安排学生课下进行阅读。例如，讲完《冬阳·童年·骆驼队》一文后，教师可推荐学生阅读林海音的《城南旧事》；讲完《祖父的园子》一文后，教师可推荐学生阅读萧红的《呼兰河传》；讲完《刷子李》一文后，教师可推荐学生阅读冯骥才的作品《俗世奇人》，等等。共读一本书，学生的阅读内容统一，交流起来方便，他们会有不同的感受，也会产生共鸣，通过交流能够加深对这本书的认识与理解。

2. 亲子阅读

亲子阅读是指在家中父亲或母亲与孩子一起阅读。亲子阅读的开展可以丰富家庭文化生活，促进孩子获取知识，形成正确思维意识、价值观念、行为规范、道德准则。对家庭成员而言，既可以分享阅读带来的乐趣，也可以互相支持，促进彼此读写能力的提高。对于孩子而言，可以激发他的学习兴趣，提高语言能力，储备今后阅读所需技能。亲子阅读所采取的父母与孩子一对一的阅读模式能给予孩子无可替代的父母之爱，这种爱让孩子在人生

① 中华人民共和国教育部. 义务教育语文课程标准：2011 年版[S]. 北京：北京师范大学出版社，2012：22.

② 同上书，第 23 页。

的最初阶段感受到了阅读带来的幸福，进而促进孩子一生爱读书，还可能会将这种愉快的阅读体验在整个家族中继续延续下去。可见，亲子阅读无论对激发孩子的阅读兴趣、培养孩子的阅读习惯，还是对提高孩子的阅读理解能力都具有非常重要的作用。"博雅语文"课程十分重视亲子阅读活动的开展，而且也取得了良好的效果。

我校王桂欣老师就曾在班里开展过这样的亲子阅读活动：家长向孩子推荐一本书，共读交流，然后孩子向家长推荐一本书，共读交流。在家长与孩子的交流中，我们读到了许多感人的句子，下面是其中一个例子。

王凯杰家庭共读《冬日的蟋蟀》

孩子：读了这本书，我懂得了倾听是很重要的，因为倾听可以让你知道别人的想法，也是对正在说话的人的尊重。

家长：孩子的世界是纯净而美好的。孩子的想法有时看起来异想天开，却也不无道理。我们只有用心倾听，他们才会真心倾诉。我享受和王凯杰的交流，也盼望着以后他长大了，无论身在何方，仍然愿意向他亲爱的妈妈敞开心扉。

我们相信，在亲子阅读的活动中，孩子的阅读兴趣会越来越浓厚，家庭中的亲子关系也会越来越好，我们离教育的真谛也就会越来越近。

3. 名家阅读

名家阅读是指教师先介绍一位著名作家的生平，进而推荐他的相关作品，学生根据自己的兴趣阅读名家笔下的作品，阅读完成后在班级交流汇报。

例如，延瑞老师先向学生介绍著名作家老舍的一生，然后向学生推荐了老舍先生的作品《骆驼祥子》《茶馆》《四世同堂》等，大部分学生对这几本书产生了兴趣，纷纷找来阅读。但也有些学生对教师推荐的这些作品不太感兴趣，他们发现了老舍的另外一部作品《老张的哲学》。教师最初没有推荐这部作品，认为不太适合学生阅读。但事实恰恰相反，学生对《老张的哲学》这部作品非常感兴趣，从最初的几个人阅读，到最后全班同学阅读，《老张的哲学》已成为老舍著作中学生最喜爱读的作品。

名家阅读不仅让学生认识了著名作家,激发了他们的阅读兴趣,还让他们通过自己的发现,对名家笔下的作品有了更多的认识。

4. 主题阅读

主题阅读是指教师提供一个阅读主题,学生围绕这个主题自己选择不同书目进行阅读,阅读完成后在班级进行交流汇报。

例如,六年级教师组织学生围绕“名人传记”这个主题进行阅读。阅读名人传记,既是向书本学习文法知识,又可以了解那些成功人士的人生经历,学生可以一举两得。尤其是青少年读者,阅读名人传记不仅可以丰富历史、文学知识,而且对激发人的志气,培养健康的人格,增强克服困难与挫折的勇气,增长应事接物的智慧,提高写作水平,都会有一定的借鉴启迪作用。教师在组织这次活动时,按照选择书目、阅读传记、班级交流、巡班展示四个环节进行,并且要求学生记录下自己的整个活动过程。

有学生在选书时这样写道:

走到中关村图书大厦,走近那一排排的书架,看到那些琳琅满目、各式各样的书籍时,我不禁犯了愁。“名人传记,还得是文学家或艺术家,这太有局限性了吧,嗯……选哪个名人好呢?”我自己小声嘀咕着。书架上有《乔布斯》传记,《莎士比亚》传记,《贝多芬》传记和《莫扎特》传记等,这些伟人都有着自己别具一格,非同于凡人的一生。并且,他们都会有独特的精神与品质,通过这些精神品质,我能收获很多不同的启发,所以,我都很想去了解了解。哎呀,到底应该选择哪一个名人呢?我揪心死了。我在那两排书架中间的过道上走来走去就是拿不定主意。

有学生在班级交流时写道:

走上讲台,我是以一段音乐和两个问题引出正题的。音乐响起时,气氛还算不错,可那时,我心里像揣了活脱脱的小兔子,紧张得要死。

而当整个活动结束时,一位学生写下了这样的心得:

通过读书做笔记，让我收获了很多，明白了读书要细致，深入；通过在班里交流，让我懂得了有条理地表达是多么重要。通过巡班展示，我收获了胆识与外交的能力。三五年后，这个活动我可能早已经忘记了，可留给我的收获却是永远的。在这个活动中，真正一步一个脚印走过来，我发现自己比以前长大了许多，回头看看那些成长的足迹，我欣慰地笑了。

主题阅读给学生提供了一个广阔的阅读空间，学生可以围绕主题，根据自己的喜好选择不同的书目。而在汇报交流、记录活动的过程中，学生的综合能力得到了很大提高，在整个活动中收获了成长。

三、渗透博学厚德的博雅文化

文化是一个民族的生命，无论是仁、义、礼、智、信的传统美德，还是吃、穿、住、行中的民情风俗，都包含着文化的基因。传承优秀的传统文化是教育者的使命。北大附小历来十分重视文化的传承，在"博雅语文"课程中，更是把传承优秀文化作为课程的重要目标之一，并注重多种形式的文化渗透。

（一）教材中文化的点滴渗透

语文教材是学生的学习范本，而语文教材中的课文，不仅仅有文字、文学，还有蕴含其中的文化。挖掘教材中的文化内涵，时刻关注教材中文化的点滴渗透，是北大附小"博雅语文"课堂追求的重要目标之一。

我校黄祥昀老师在讲授《杨氏之子》一课时，把"让孩子爱上经典诗文，积累优美的语言，感受祖国文化的博大精深"作为本节课的主要目标。由于学生是第一次接触文言文，黄老师在设计这篇文章的教学时，不断地变换方法，引导学生采用多种形式的朗读，充分激发学生的学习兴趣，使他们能够积极地投入到读书过程中，然后通过多种形式的对话，引领学生感悟学习文言文的方法，理解文章要表达的深刻含义，体会杨氏子的聪慧之处。在体会杨氏子的聪明时，黄老师引导学生理解杨氏子不仅聪明，而且有礼貌。别看杨氏子年龄小，他在回答孔君平的问话时用了"君"这个敬称。黄老师紧紧抓住杨氏子语言中的一个“君”字重点分析，让学生体会出其中的礼，体会中国传统文化中的礼仪文化，从而让学生懂得了在与人交往中，如何礼貌回答别人的提问。

《北京的春节》是一篇介绍老北京如何过春节的文章，我校的老师们在讲授这篇课文时，让学生在情感体验的基础上，明晰作者详略得当地描绘的一幅幅北京春节的民风民俗画卷，展示了中国节日习俗的温馨和美好。透过文本，老师致力于让学生挖掘文本背后丰富的文化内涵。

《自己的花是让别人看的》一文是季羡林先生的一篇精美隽永的散文，文章在讲述德国美丽风景的同时，用最精炼概括的语言点明了通俗易懂但又意味深长的哲理：“人人为我，我为人人。”这种境界“颇耐人寻味”，读起来让人既开眼界，又回味无穷。从本文整体语境和语义看，其意图和主旨显然不在“人人为我，我为人人”的道德说教上。在结尾处，季老特意点出“美丽并没有改变”“又是家家户户的窗口上都开满了鲜花。”这是对爱花成为德国人的一种习俗、一种文化的最有力的诠释。

（二）“北大文化”课的文化传承

作为北京大学的附属小学，北大附小长期受到北大文化的浸染。无论是“思想自由，兼容并包”的北大精神，还是北大大师们的风骨风貌，无不深深影响着一代又一代的北大学子。北大附小历来重视北大文化的传承，专门设置了“北大文化”课程，让学生们在北大文化的熏陶中健康成长。

1. “北大文化”课程方案

作为北京大学的附属学校，北大附小一方面传承着百年北大自由民主的人文精魂，另一方面也天然地拥有着他人不可替代的历史文化资源。充分认识到这一文化底蕴给予我们的优势后，北大附小博雅课程的研究团队悉心调研，用心思考，以北大名人、名胜古建、历史传承为线索，梳理出我们期待的“北大文化”课的脉络。最终以风骨—风物—风采的课程架构形成了独具北大附小特色的“北大文化”课程，如表 3-8 和表3-9 所示。

表 3-8 “北大文化”课程方案

课程目标	了解北大文化，理解北大精神
课程形式	参观北大的名胜古迹 了解北大的历史 认识北大的名人大师
课程内容	一、从京师大学堂到老北大 二、此时幸遇先生蔡——蔡元培 三、走进大师云集的北大 四、对话大师云集的北大 五、北大附小的北大人 1. 一片冰心在玉壶——冰心 2. 玩物未必丧志——王世襄 六、一塔湖图 七、图书馆——精神的家园 八、红楼——老北大的永恒象征 九、百团大战 十、丰碑永驻的学生运动

表 3-9 “参观北大名胜古迹”课程方案

课程计划	本课程拟在每个年级的第一学期开设，约 30 个课时
学习组织	第一阶段：师生互动课引入和激发 第二阶段：学生活动课“走近北大”（大量阅读，参观校园、校史馆、图书馆、赛克勒考古与艺术博物馆、名人故居、雕像等），进一步了解北大 第三阶段：北大名师、学生家长、学生附小讲坛相互穿插 第四阶段：学生小课题研究 第五阶段：呈现研究成果
课程评价	本课程将采取学生与教师、活动相结合的方式组织评价。前者的评价是指评价的参与者，即学生相互评价与教师的评价；后者的评价是指评价的对象，即对学生的课程学习成果的状况予以评价

“北大文化”课程作为北大附小的特色课程，对学生在认识北大、了解北大文化、理解北大精神方面起着重要的教育作用。“北大文化”课程针对不同年龄段的学生分别采用了不同的组织形式和活动方式：低年级的学生以走进北大校园、参观北大名胜古迹为主，让学生对北大有一个直观的认识；中年级以听取讲座为主，通过北大老师生动形象的讲解，与北大老师有一个

近距离接触;高年级以研究课题为主,通过阅读大量的有关北大的书籍,了解北大的故事,认识北大的大师,理解北大的精神。

2. 课程举例:“此时幸遇先生蔡——蔡元培”

本节课是“北大文化”课程中的一节,开设于高年级学段,让学生了解校园《三字经》与北大文化精神的渊源,如表 3-10 所示。校园《三字经》中提到:“承北大,秉人文;尚风骨,崇理想;倡自由,求民主;兼包容,主开放。”北大的文化精神已经深深地影响着北大附小的教育教学,而北大的这种文化精神与一个人密切相关,那就是北大老校长蔡元培先生。这节课就是让学生走近蔡元培,通过对新老北大的对比,让学生认识蔡元培,并从北大发生的天翻地覆的变化中,了解蔡元培的“思想自由,兼容并包”的办学理念和教育思想,从北大在历史发展上所起到的作用中,理解北大文化精神对人们的深刻影响。

表 3-10 “此时幸遇先生蔡——蔡元培”课程方案

课程内容	(1) 此课为校园文化系列课程的起始课,力求让学生感知北大附小校园文化精神与北京大学“思想自由,兼容并包”的思想精髓一脉相承 (2) 了解以“思想自由,兼容并包”改革北大、缔造辉煌的蔡元培先生。以“聘任教授”这一角度,感受蔡先生对这八字方针的践行。 (3) 感知北大附小与北大的传统,并以“传统”作为北大附小人毕生的责任
课程特色	(1) 以北大附小校园《三字经》为切入点,前后呼应,体现对“传承”二字不断深入思考的过程 (2) 以“思想自由,兼容并包”这一思想的实践,感受蔡元培先生教育理想中的高瞻与豁达 (3) 以闯关、聘任教授等活动方式,激发学生参与的热情 (4) 作为起始课,不过多、过深挖掘,激发学生继续了解北大的兴趣
实施方式	互动课堂
互动课过程	(1) 诵读北大附小《三字经》,体会传承精神 (2) 印象北大,凸显新旧对比 (3) 幸遇蔡元培,勾画人物事件 (4) 再读北大附小《三字经》,深感文化传承 (5) 下发阅读单,博取厚积

（三）开展多样化的文化活动

活动在教育中的作用历来受到教育者的重视。两千多年前，大教育家孔子主张知行合一，学思行结合。明末清初思想家王夫之指出："行可兼知，而知不可兼行"，知与行"相资以互用"，各有各的功能，不能混一，不能替代，主张"知行并进"，这个"行"就是指实践活动。近现代有许多教育家对活动在教育中的功能进行了大胆的探索。美国教育家杜威从实用主义思想出发，提出了"教育即生活，教育即生长，教育是经验不断改造和改组"等教育观点，认为"学校科目相互联系的真正中心，应是儿童本身的活动"，只有通过活动课程获得经验，才能克服学科课程的分科教学弊端，使儿童获得认识世界的完整图像，更好地适应社会生活，并提出了实用主义活动课程。我国教育家蔡元培先生"五育并举"的主张，陶行知先生的"生活教育"论等，都从不同角度和不同层面对活动进行了探讨和实践。

活动是最好的教育方式。开展一系列的文化活动，让孩子在活动中认识文化，了解文化，是北大附小"博雅语文"课程一直非常重视的教育环节。

早在20世纪90年代初，北大附小部分年级就开展过中华古典诗文的诵读活动。1998年，中国青少年发展基金会成功推出"中华古诗文经典诵读工程"，北大附小率先响应，国学大师季羡林先生听到后，非常高兴地说："我们中华民族有四五千年的文化历史，我们古代诗文在全世界也是数一数二的，这是非常精美的东西。应该多背，背得越多越好。它对一个人了解过去文化，对提高个人修养，提高人文素质，都有很大的好处。"在青基会的大力支持下，在原有活动的基础上，北大附小的古诗文诵读活动不断扩大规模，迅速发展，师生的诵读热情日益高涨，学校诵读氛围日渐浓厚，很快成为学校一大特色。

北大附小为确保中华古诗文经典诵读工程扎实、有效地开展，十几年前就成立了古诗文诵读活动领导小组，将古诗文诵读活动列入学校德育规划之中，将古诗文诵读内容列入学校教育教学内容之中，落实诵读活动的指导老师，为古诗文诵读活动的开展提供了保障。

1. 组建富有活力的领导机构和辅导员队伍

学校由德育处、教导处、大队部组成古诗文诵读活动领导小组，校长任组长。总称“北大附小古诗文诵读团”，下设以年级为单位的六个分团，由班主任和语文教师负责诵读指导，音乐、美术老师做诵读的艺术辅导员，常年外请朗诵艺术家郑健康老师做学校的古诗文诵读课外辅导员。

2. 制订科学的诵读计划

在《北大附小实施中华古诗文经典诵读工程计划》中，我们明确规定以《语文课程标准》推荐的《小学生诵读80首》为基础(贴近教学)，以《中华古诗文读本》12集为补充，以精选的部分唐诗宋词中的经典名篇为拓展，分年级、循序渐进地引导学生领略中华古诗文的博大精深。计划中明确了背诵目标：每学期每名学生熟读(诵)50～60篇古诗文，从低年级到高年级逐渐增加古诗文数量，小学毕业时能达到熟读(诵)200篇左右古诗文，参与古诗文诵读的学生比例达到全校在校生的100%。

为保证学生有足够的诵读时间，我们在不增加学生负担的前提下，把学生在校的诵读时间做了科学的安排：(1) 利用每天20分钟的早读时间进行新篇晨读；(2) 利用每节课前的2分钟预备时间进行课前小吟；(3) 利用中午管理班时间进行午间趣读；(4) 利用每周的阅读课进行美文赏读；(5) 利用班、队会时间进行评比赛读……

同时，我们通过多种途径，把古诗文诵读活动的内容、意义、要求及时传达给家长，做好调研和宣传工作，争取家长的支持和配合，邀请家长担任经典诵读的义务辅导员。

从2007年开始，学校为学生编写了古诗文诵读口袋书，2011年9月学校开始着手整理经典古诗文赏析读本，2014年重新编写古诗文诵读口袋书。

3. 制定比较完善的督促、检查、奖励和考评制度

我校对古诗文诵读的落实采用“民主集中制”的方法。首先，以班为单位，由班主任直接负责诵读活动的组织、督促、检查和落实，每个学生有背诵

古诗文的个人档案。每学期末，新背诵量达到 50 首以上的同学，可申报“诵读小标兵”；新背诵量达到 100 首以上的同学，可申报“诵读小诗仙”。这些荣誉称号通过审核后，将和“三好生”一起在全校结业仪式上给予学生表彰。此外，还要评选出“古诗文诵读优秀班级”。

古诗文诵读的最大受益者是学生，在诗词诵读中，学生获得极大的精神满足和思想境界的提升。学生们走进了中华古典诗文，就是走近了“天行健，君子以自强不息”的中华民族志向；走近了“欲穷千里目，更上一层楼”的博大胸怀；走近了“先天下之忧而忧，后天下之乐而乐”的忧国忧民的情怀；走近了“吾将上下而求索”的矢志不渝的探索精神……这些丰厚的民族文化，正在潜移默化地教育我们的学生做有理想追求、有生命精神、充满民族自豪感、珍惜生命、富有诗意情愫的人，也为学生的终身发展打下了传统文化的精神底色。

除此之外，“博雅语文”课程还开展了走进博物馆、徒步圆明园、步行中轴线等一系列文化活动，让学生在这些活动中，感受中华文化的博大精深，体会中华文化的巨大魅力。

第四章 “博雅语文”课程的内容框架

随着社会的进步和教育改革的不断深化,人们对教育的需求也越来越多元化。特别是北大附小的家长大多是北大的教授,他们素质高、见多识广,他们的孩子多带着多样化的家庭教育背景和知识积淀走进北大附小。这些孩子和他们的父母一样,有着敏锐的问题意识,对学校的期望也很高。事实上,这样的学生成长背景对学校和教师都提出了非常高的要求。面对这样的需要,我们不断审视学校自身的发展目标、课程设置,开始在原有课程体系的基础上,真正立足学生发展需求和学校办学实际,为社会和学生的需要而改革,为社会和学生的发展而改革。

国家层面制定的义务教育课程标准,因其自身的特点与局限,没有也不可能充分考虑各地方、各学校的实际,更不可能逐一照顾众多学习者的认知背景及其学习特点。基于此,北大附小语文团队在北大附小生命发展课程的学校课程设计之下,开始了对语文学科课程的改革,开启了“博雅语文”改革的尝试,以“博览、善思、雅言、恭行”为课程的核心价值,以“博吸收”“雅呈现”的实施策略,最终实现我们语文学科课程发展的目标。

在语文学科课程建设的过程中,我们非常关注学生发展的差异性。我们认为,每个生命都是一个独立的个体,每个孩子都有他独特的地方,他们在成长的过程中不可能是整齐划一的,他们在发展过程中会呈现出差异性。面对孩子的种种差异,北大附小坚持尊重差异,坚持差异发展。基于我们对学生差异性的认识,“博雅语文”课程以分层分类的整体设计呈现：有面对全体学生的基础类课程,有面向一定层次学生的拓展类课程,还有面向个体需求的研究类课程,从而实现学生学习分层及对课程内容的自主学习选择。

本章将从“博雅语文”的课程设计、实施、评价的角度进行介绍,并给出每类课程的具体支撑案例。

第一节　课程分类总述

我们在“博雅语文”系列课程中设计了三类课程：基础类课程、拓展类课程和研究类课程(如图 4-1 所示),三者逐步递进,有机关联,又互为补充。

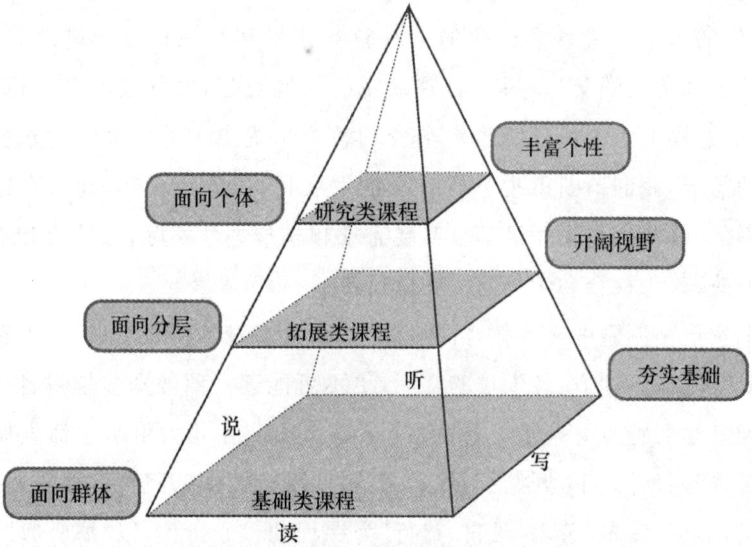

图 4-1　北大附小“博雅语文”课程构建图

一、分层课程体系的设计

在课程设计的初始,理清各类课程的概念和各自目标是至关重要的一步。在我们的分类课程设计中,三类课程的目标分别如下。

基础类课程是学生的必修课程，是为学生素质的提升奠定共同性基础的课程。基础类课程的内容体现国家对公民素质的最基本要求（即共同基础），着眼于促进学生基本素质的发展，期待所有学生能够达到《语文课程标准》所要求的基本目标。

拓展类课程着眼于满足学生不同方向与不同层次的发展需要，以及适应社会多样化的需求，体现不同的基础。拓展类课程是以培育学生的主题意识、完善学生的认知结构、提高学生自我规划和自主选择能力为宗旨，着眼于培养、激发和发展学生的兴趣爱好，开发学生的潜能，开阔学生视野，是一种体现不同基础要求、具有一定开放性的课程。

在我们的设计中，拓展类课程力求达到以下目标：(1) 促进学生全面而有个性的发展；(2) 为学生提供丰富多样的课程资源；(3) 促进学生自主选择性学习能力的形成；(4) 建立促进学生个性发展的课程评价体系。

研究类课程是为了解决目前语文教学中自主构建不足的问题所设立的。研究类课程指部分学生在教师指导下，由学生以个人或小组为单位，通过提出问题、搜集材料、处理信息、实验比较、解决问题等方式，开展学习活动的一种课程形式。它着眼于学生学会学习，激励学生自主学习、主动探究和实践体验，旨在培养学生探究自然、社会、文化、自我，锤炼学生的创新精神和实践能力，促进学生个性的发展，为学生奠定终身发展的学习基础。

以上三类课程中，教学内容的难易程度会有所区别。目前，我们对于这三类课程的内容区分大致如下。

(1) 基础类课程：包括“语文”“写字”“书法”。

(2) 拓展类课程：包括“博雅阅读”“经典诵读”“博雅写作”。

(3) 研究类课程：包括“绘本之旅”“儿童文学策略读写”“吟诵”“戏剧表演”“演讲与口才”。

二、三类课程之间的区别和联系

从基础类、拓展类、研究类这三类课程的相互关系上看，它们并不是各自独立，而是既有区别又有联系的。

首先，这三类课程的受众不同。基础类课程、拓展类课程主要面对全体学生,而研究类课程主要面对部分学生。

其次,这三类课程的内容不同。基础类课程主要针对课标要求的最基础类的知识,主要是语文教学中的语言文字知识以及文章中字、词、句、段、篇的安排与教授;拓展类课程主要是在基础类课程的基础上,针对学生的知识扩充需求,结合书本知识进行拓展教学;研究类课程主要针对学有余力的学生,针对某方面知识,进行相对专一的课程教学。

再次,三类课程的教授方法不同。基础类课程主要以教师讲授、师生互动为主;拓展类课程主要以学生查阅资料、师生互动为主;研究型课程主要以学生自主学习、教师相机点拨为主;

最后,三类课程对学生素质培养的功能不同。基础类课程主要面对全体学生、面对学生所学习知识的最基础部分、面对学生学习力的平均值来进行课程教学,目的是让学生有扎实的学习基础,体现国家对公民素质的最基本要求(即共同基础),着眼于促进学生基本素质的发展;拓展类课程主要面对基础课程的拓展知识部分进行教学,着眼于满足学生不同方向与不同层次的发展需要以及适应社会多样化的需求,体现不同的基础;研究类课程是针对学有余力且有兴趣的学生来教学,着眼于学生学会学习,激励学生自主学习、主动探究和实践体验。

三种课程既有区别又有密切联系。基础性课程是拓展类课程和研究类课程的基础,拓展类课程和研究类课程又有很多都是从基础语文课程中衍生而来的。三种课程在“博雅语文”大的课程目标指引下,为达到既定的教育目标而发挥着各自不同的作用与价值。

第二节　三类课程的实施

一、开放中的整合

“博雅语文”提出整合的观点,决定大胆整合语文教材内容,改革语文课堂教学，探寻学生喜欢的语文、时代需要的语文。语文团队为之不懈地钻研探索，甘于奉献，取得了较好的整合成果。“博雅语文”关于整合的指导思想是：“把一些零散的东西通过某种方式彼此衔接，从而实现信息系统的资源共享和协同工作。”这样的整合是基于我们对语文学科本质发展的认识所作出的判断，是要体现语文学科的科学性与学科特质，以及“博雅语文”之“博吸收”“雅呈现”的内涵。

1. 年段的整合

在教材的开放和整合中，“博雅语文”关注了年段特点，根据不同年段学生的兴趣以及知识能力的进展，将不同的活动归类到不同的年段中，并保持活动之间的有机联系，将课程加以整合。比如低年级同学，走进大自然，拍摄春天，描画秋天，举办画展，秋游活动中制作音配画手抄报，古诗朗诵比赛，触摸春天诗配画；中年级同学，写循环日记，配乐朗读课文，朗诵比赛，从甲骨文追寻汉字的源头，自创格言，学习制作手抄报，当校园小导游，废物利用，课本剧表演，等等；高年级同学走进北大校园，当小导游，利用思维导图读书读课文，国旗下讲话，班刊作文，祖国民风民俗介绍，课堂小老师，创作诗集，一周新闻播报，社会热点评论等活动。这些活动都深深吸引着学生们的视线，激发了他们学语文、用语文的兴趣。

2. 单元的整合

(1) 单元整合的设计。

我们尝试运用整合的方式，立足于母语、儿童、文化，站在更高的角度看语文课本，寻找各组课文的线性联系，将二组或三组课文整合优化，从而形成对语文教材的优化处理。

北大附小选择的人教版语文教材，如五年级一共 8 个单元，32 课，如果对每一课都深耕细作，还希望延伸、扩大教材资源，课时肯定不够。在保证语文教学质量的前提下，我们大胆地进一步整合单元主题，灵活地开展语文活动作为语文教学的补充，在语文实践中初见成效。

(2) 单元整合举例。

如五年级下学期单元之间的整合。开学初，五年级语文教研的目标是：

第一，把八个单元主题站在更高的视角上，找到各单元课文之间的内在联系，避免课文散落四处，对教材进行整合优化，使学生能感受到万事万物是有联系的，保持一颗探索的心，不断地发现惊喜。第二，针对每单元的内容给学生推荐课前阅读书籍。第三，创设1～2个与单元主题相关的活动。在这样的思考下，我们将第一单元、第六单元、第八单元进行重新整合，对比中外文化风情的不同；将第二单元、第四单元重新整合，共读一本书，用讨论式学习方法，深化理解，学写读后感；将第三单元、第五单元、第七单元重新整合，感受语言的魅力，编写、表演课本剧，具体内容如图4-2所示。

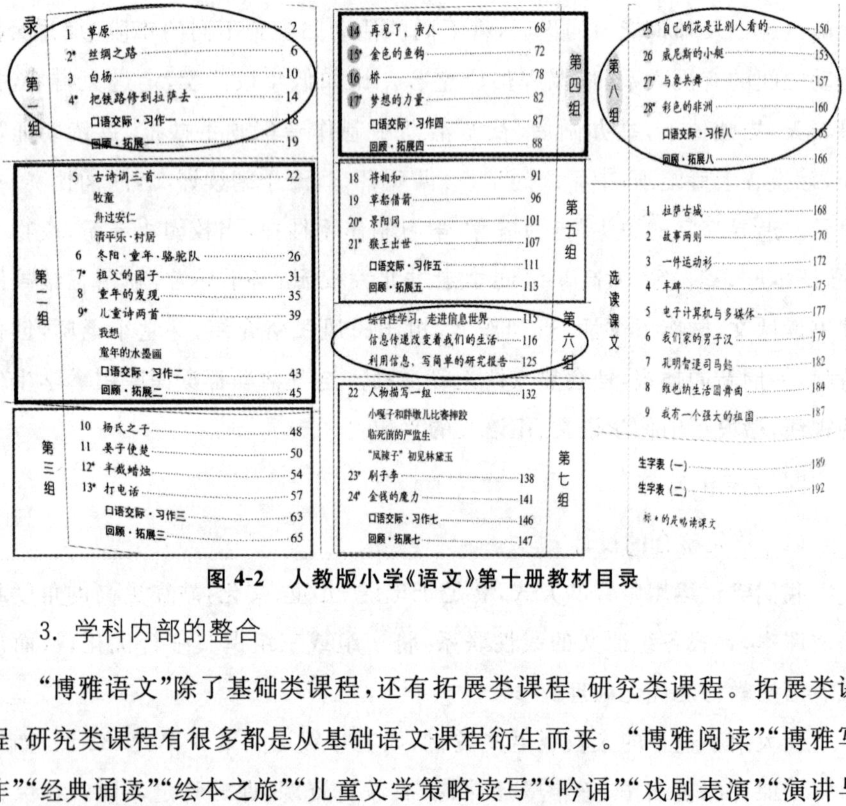

标*的是略读课文

图4-2 人教版小学《语文》第十册教材目录

3. 学科内部的整合

“博雅语文”除了基础类课程，还有拓展类课程、研究类课程。拓展类课程、研究类课程有很多都是从基础语文课程衍生而来。“博雅阅读”“博雅写作”“经典诵读”“绘本之旅”“儿童文学策略读写”“吟诵”“戏剧表演”“演讲与口才”等课程，都和我们的基础语文存在密切的联系。

有了课程，我们就需要有专门的课时来保证课程的实施。抓住语文课程的内在联系，能够整合、节省出一定的语文课时，为我们尝试拓展类课程、研究类课程提供舞台。

比如“绘本之旅”，这一研究类课程与基础语文联系紧密。学生课堂共读绘本、自由阅读的过程，是要以语文课堂的学习为基础的，在具备了一定的识字量之后，借助绘本这样以图为主、图文共述故事为特点的读物，引导学生热爱书籍、热爱阅读，从而在阅读中巩固学生对语言的感悟与理解。学生可以借助绘本这样的优质读物，学会阅读、学会理解、学会分享读书的快乐。这一课程的实施，体现出基础类课程与拓展类课程、研究类课程之间是具有深刻的内在联系的。

各年级的课堂上，学生们都有演课本剧的经历。低中年级的学生，可以利用废物来制作服装道具，表演课本剧。高年级《半截蜡烛》一课，向学生展示了什么是剧本，怎样看剧本，怎样演剧本，他们由此对表演剧本产生了浓厚的兴趣。通过大量的课本剧表演，学生们不由地思考：课本剧是不是戏剧？戏剧会是什么样的？正是在基础类语文课程的课堂上，激发了学生们戏剧表演的兴趣，从而推动“戏剧表演”课走向语文学习的又一个高潮。

通过整合，我们的语文教学走出课本，来到广阔的生活大课堂，紧跟时代的节奏，更坚定有力地支持推动着拓展类课程和研究类课程的开发与实施。

二、三类课程时间的弹性分配及评价标准

（一）基础类课程的时间分配与评价

在我们的课程体系中，基础类课程具体课时安排如表4-1所示。

表4-1 基础类课程具体课时安排

课程名称	开设年级	课时数量	教学占用时间
语文	一至六年级	4节/周	语文课
写字	一至二年级	1节/周	写字课
书法	三至六年级	1节/周	写字课

(1)“语文”：在一至六年级设置课程，每周4节课，占用国家课程中的语文课时间进行教学。

(2)“写字”：在一年级、二年级设置课程，每周1节课，占用国家课程中的写字课时间进行教学。

(3)“书法”：在三年级至六年级设置课程，每周 1 节课，占用国家课程中的写字课时间进行教学。

针对此类课程，主要以过程性评价与诊断性评价两种评价方式结合为主。在学生平时的学习中，针对学生基本学习内容的阶段性完成、学习能力的相对提升与学习方法的创新、突破、其他相关突出学习能力的展示予以评价。评价表主要由三部分组成。

(1) 第一部分为基础内容的阶段性完成情况，比如字词听写部分、课文背诵部分、课堂回答问题部分、单元考试与期末考试部分等综合评定。

(2) 第二部分为学习能力的相对提升与学习方法的创新，比如以学生单元字词、单元测验的单元间进步情况作为衡量标准，以学生课堂参与度的提升为衡量标准，以学生找到学习的简便方法或突破原有方法的情况为衡量标准相应加分。

(3) 第三部分为学生相关突出学习能力的展示，比如学生在作文方面有独特的能力展示，在背诵面有独特的能力展示，在演讲方面有独特的能力展示等，以此作为加分的衡量标准。

(二) 拓展类课程的时间分配与评价

在我们的课程体系中，拓展类课程具体课时安排如表 4-2 所示。

表 4-2　拓展类课程具体课时安排

课程名称	开设年级	课时数量	教学占用时间
博雅阅读	一至六年级	1 节/两周	阅读(一至二年级)
			语文(三至六年级)
经典诵读	一至六年级	10 分钟/天	早读
博雅写作	五至六年级	1 节/两周	作文课

(1)“博雅阅读”：在一至六年级设置课程，隔周上课，一、二年级占用国家课程中的阅读课时间进行教学，三至六年级占用国家课程中的语文课时间进行教学(由语文整合课程节省出来的课时，隔周上课)。

(2)“经典诵读”：在一至六年级设置课程，每天 10 分钟(时间分散上课)，占用早读时间进行教学。

(3)“博雅写作”：在五至六年级设置课程，隔周上课，占用国家课程中的语文课时间进行教学。

拓展类课程的评价方式相对要开放得多，主要采用观察、面谈、课堂问答、写作、练习、问卷、座谈、案例分析、辩论、演讲、表演、展示等多种方式，让学生充分展示自己的才华；另外，将教师的评价，学生的互评、自评，家长的评价等评价维度融合其中，使得评价相对全面。

(三) 研究类课程的时间分配与评价

在我们的课程体系中，研究类课程具体课时安排如表 4-3 所示。

表 4-3 研究类课程具体课时安排

课程名称	开设年级	课时数量	教学占用时间
绘本之旅	一年级	1 节/周	每周二下午
儿童文学策略读写	三至四年级	1 节/周	每周二下午
吟诵	三至四年级	1 节/周	每周二下午
戏剧表演	五至六年级	1 节/周	每周五下午
演讲与口才	五至六年级	1 节/周	每周五下午

(1)“绘本之旅”：在一年级设置课程，每周 1 节课，占用每周二下午的年级内选修课时段进行教学，课程性质为自主选修。

(2)“儿童文学策略读写”：在三至四年级设置课程，每周 1 节课，占用每周二下午的年级内选修课时段进行教学，课程性质为自主选修。

(3)“吟诵”：在三至四年级设置课程，每周 1 节课，占用每周二下午的年级内选修课时段进行教学，课程性质为自主选修。

(4)“戏剧表演”：在五至六年级设置课程，每周 1 节课，占用每周五下午的跨年级选修课时段进行教学，课程性质为自主选修。

(5)“演讲与口才”：在五至六年级设置课程，每周 1 节课，占用每周五下午的跨年级选修课时段进行教学，课程性质为自主选修。

研究类课程的评价方式要更为开放，因为这一类课程属于年级内选修或跨年级选修，由于师资、场地、课程资源暂时有限，所以只面向部分有选修意愿的学生进行教学，评价方式以过程性评价、质性评价为主。

所有三类课程具体课时分配如表 4-4 所示,表格内的数字为周课时数。

表 4-4　三类课程具体课时分配

年级	基础类			拓展类			研究类				
	语文	写字	书法	博雅阅读	经典诵读	博雅写作	绘本之旅	儿童文学策略读写	吟诵	戏剧表演	演讲与口才
一	4	1		*	*		1				
二	4	1		*	*						
三	4		1	*	*			1	1		
四	4		1	*	*			1	1		
五	4		1	*	*	*				1	1
六	4		1	*	*	*				1	1

注：星号表示课时数量不确定。

三、教与学的转变——开放渐进的体验式学习

在构建“博雅语文”课程内容的过程中,我们关注到教与学方式的转变对课程内容实施的重要性。“博吸收”的课程特质,使得我们的语文学习领域趋于面向更为广博的历史、社会、自然文化等。课程内容的“博”,决定了未来我们的教与学的方式将发生巨大的变革,小小课堂已难以容纳我们开阔的“博雅语文”,传统课堂的篇章教学逐渐难以承载如此丰富、多元的信息量,更无法令学生对生活、对文化拥有深度的观察体验与全面发展。

基于以上的认识与分析,我们作了如下教与学方式转变的尝试：从课堂教学出发,进而打开教室之门,带着教室内个体阅读的积淀,学生们走进小讲堂聆听专题系列讲座,聚焦问题并展开深入研究,最终迈出组团实地考察故宫、徒步中轴线的第一步。正所谓“读万卷书,行万里路”。二年级《中轴线之旅探寻传统文化》的主题课程内容正是在这样的思考下应运而生。

体验式学习是一个完全开放的过程,同时,在体验中充分调动多方面因素参与,更是一个真正体现“博吸收”的过程。

(一) 体验式学习案例之一：“中轴线之旅探寻传统文化”

在“中轴线之旅探寻传统文化”这组主题课程的实施中,我们努力发掘有课程价值的各种资源,并通过融合、分享的方式,使课程设计落地生根,使

学生有真正的获得和体验。

（1）第一阶段：绘本阅读，引入中轴线上的北京城。首先，我们由课内《北京亮起来了》一文的教学，重点积累了大量描写城市的四字词语。接着，语文园地口语交际部分的学习中，教师基于两个维度：课内外阅读结合、阅读与表达结合，有意识地将口语交际与绘本阅读结合起来，展开进一步的课堂教学。从复习《北京亮起来了》一课积累的四字词语开始，继而分享绘本阅读《中轴线上的城市——北京》，了解北京城市发展的历史，在阅读交流中体会北京悠久的历史和文化魅力，了解“里九外七皇城四，九门八点一口钟”这些生动的北京城历史演变及传说。这一过程中，我们尝试整合了课内外文本的阅读与积累，同时，挖掘丰富的传统文化课程内容。

（2）第二阶段：读说结合，聚焦古今北京。带着对北京文化的初步了解，我们进入“这里是北京”为主题的课内读说练习活动，希望能够通过阅读与口语交际相互融合的设计，尝试实现课程资源的融合与统整。课前，学生以首都北京为主题，查找各方面的相关资料；课上，在阅读绘本了解北京中轴线上的文化历史后，教师引导学生介绍自己所了解的北京，同时利用思维导图工具，从不同方面对资料展开梳理，指导学生进行有序的口语表达。从介绍一个内容到介绍一类内容，从介绍北京的一个方面到介绍几个方面，这一过程中，我们尝试了通过融合与统整的方式，体现“博雅语文”课程的“博吸收”“雅呈现”。

（3）第三阶段：传统文化探寻系列讲座——“大美紫禁城”。随着课堂中对北京历史文化一步步地深入学习，学生对北京古老的传统文化研究兴趣越发深厚。因此，我们在全年级推广共读一本书的活动。在师生共读《宫城》一书的同时，我们引入了专业的社会文化传播机构郁力国际讲堂的“故宫系列讲座”，博物馆志愿讲解员张鹏哥哥生动的讲解，带学生进入了一座有故事的皇宫，从色彩、数字、大门、动物等八个不同的角度，引导学生透过文字的讲述去观察、发现和思考，深入认识和了解紫禁城在设计与建造中无处不在的智慧，寻找隐藏在其中的艺术之美。

（4）第四阶段：亲子体验之旅——走进故宫、徒步中轴线。系列讲座的引入同时也带动了家长对学校传统文化教育的关注，为进一步的亲子体验之旅——走进故宫徒步中轴线之旅的实践创造了条件。这一过程，我们通过分享与交流的方式，深入地整合校内外可用资源。以家校共育的方式，鼓励家长与孩子一同携带《故宫亲子学习手册》踏入故宫、踏上中轴线。触摸紫禁城内的一砖一瓦、一门一钉、一草一木，一页页的历史在孩子心中鲜活起来，一幢幢的古建筑在细细寻味中少了书卷、影像产生的距离感，脱下了神秘的权力面纱，顿时亲切了许多。实地徒步的体验，拉近了历史与现实的距离，结合了历史与文化的风范，也历练了孩子们协同体验的学习能力与分享意识。

这样由课内到课外、由读书到行走的整体渐进式体验学习历程，在孩子们幼小而懵懂的心灵中种下了怎样的传统文化种子，我们不得而知。但我们清楚地看到了学生们渐入佳境的学习状态与学习热情，也感受到了在一次次讲座、实践活动中家长积极参与的激情；更重要的是，在这个过程中教师团队在不断推陈出新、主动创新，敏锐地发掘有利于学生综合体验的课程内容。

在体验式学习中，学生们主动地参与到学习过程中，成为学习过程的主体，而非单纯的接受者，在广博的学习领域中，学生们的眼界不断在开阔，内心理解世界、理解文化的能力在逐步增强。

在体验式学习中，成人（包括教师与家长）的角色转变为观察者、支持者，观察孩子在亲身体验中认知、理解上的发展细节，支持孩子自发地去继续探索，或者从学习情感上予以支持、激发，使其拥有充分的成长体验感和文化认同感。

体验式学习是众多学习方式中的一种，充满开放性与实践性。这样的教与学方式的转变与选择是由课程内容规划的"广博"特性所决定，是我们北大附小"博雅语文"课程实施中必然的变革。

（二）体验式学习案例之二：游学说书，师生的双向选择

学生进入六年级，知识积累越来越丰富，学习能力越来越强。他们不再满足于中规中矩地学习课本知识，不再愿意重复经历"老师讲，自己听"的学

习模式，而开始对有挑战的开放性研究学习感兴趣。开放性学习是指让学生在较宽泛的条件和环境中自主完成的非统一性和标准性的学习。研究性学习就是通过研究来学习，让学生在问题提出后通过自主收集、分析和处理信息来实际感受和体验知识的生产过程，丰富学生的生活体验，使学生养成运用知识解决生活中实际问题的习惯。

为了给语文课堂注入开放性研究学习的“新鲜空气”，北大附小的六年级开展了丰富多彩的读书活动。其中的重量级读书活动就是人物传记答辩会。这个活动要求每个孩子读一本人物传记，人物可以涉及科学、艺术、文学、军事等众多领域，这是其中的开放性特点。之后进行讲述和答辩，讲述与答辩的内容围绕人生经历、突出成就、成功原因、带给自己的启发、延伸阅读五个方面，这体现了研究性学习的特点。对于精彩的讲述，教师会推荐学生到其他班讲学。讲学不受年级限制，分享不分班级。这样，会把研究性学习的开放性优势发挥到最大。

读书答辩会可有几种讲述形式：(1) 思维导图模式。优势是整体思路一目了然，劣势是平铺方式干扰视听。(2) 边画思维导图，边播放 PPT 模式。优势是呈现思考的过程，与 PPT 相互补充，劣势是讲者必须熟练记忆每一个切换环节，否则会乱。(3) 边贴思维导图，边讲。优势是呈现思考的过程，劣势是“贴”干扰“讲”。(4) 折线图模式。优势是特别直观地呈现人物经历的起伏，劣势是不易看出时间或年龄的变化。(5) 流程图模式。优势是整体思路清晰，化繁为简，劣势是稍显死板。(6) 索引模式。优势是思路清晰，整体与部分的关系清晰。(7) 时间轴模式。优势是呈现了时间发展的长线，每个艺术时期刻度清晰，劣势是 S 型绘制，时间的流动性不明朗。上述这些形式中，没有哪种方式是最好的，只有哪种方式最能帮助学生清晰、准确地表达他们的思路。

学生们在讲述中，不重复已经讲得清楚明白的内容，重点加入自己认为精彩、重要的内容。比如，讲《贝多芬》的学生，略掉了贝多芬的经历部分，加入了贝多芬创作的几个时期——巴洛克时期、古典时期、浪漫时期，并且对比了贝多芬和莫扎特不同的童年、不同的人生感受，以至于产生不同的作品风格。有的学生还为前面同学留下的疑问做注解。比如，前面同学讲到达·芬奇使用黄金分割比例画《蒙娜丽莎》，答辩环节有学生提问黄金分割的比例是怎么发现的这个问题，负责讲解的学生告诉大家，黄金分割最早记录在公元前6世纪，大多数人认为是毕达哥拉斯学派的发现。介绍梵高的学生一共7名，最后出场的一位压力非常大。从活动前一周起，她几乎每天都和老师讨论思路。从看到别人讲得好产生了压力，到自己反复修改越改越混乱的慌张，再到找到用"波浪"呈现梵高的一生的灵感乍现，老师在一天天的陪同中体会到她的成长。讲《达·芬奇》的学生另辟蹊径，主要讲了《最后的晚餐》中耶稣门徒和犹大的不同表现和达·芬奇如何给丽莎讲故事，令丽莎凝神相望的创作故事。讲《巴尔扎克》的学生，用故事串联巴尔扎克文学创作生命中，贝尔尼夫人给予他恋人般的爱和母亲般的爱。这名学生的延伸阅读是《拿破仑》，因为巴尔扎克在人生低谷期，专门买来拿破仑的塑像，并放出豪言："拿破仑没有拿剑完成的事，我要用笔完成。"

一名学生讲述曾国藩，答辩环节出现一个小高潮。有同学问："为什么曾国藩在童年因为不被人看好而自尊心强?"他回答："因为他不想被人责备，所以自尊心就强了。"其他同学继续追问："幼年的时候曾国藩被人批评、责备，但他后来成才了。可为什么后来曾国藩在他的用人之法中又说'一味批评、责备，人才会变蠢材'?"面对不同看法，众人表现不同。教师在点评这个答辩环节的精彩之处时讲道："先提出一个问题，然后根据答问者的回答找到他前后观点相矛盾的地方，再提出问题，使回答问题的人被难住……"这时，底下传来一句："反诘法!"教师回答："对，苏格拉底的'反诘法'！太棒了!"当初另外一名学生介绍苏格拉底的时候，大家一致认为他对"反诘法"讲解还不到位，这次竟然在课堂上找到了实例！苏格拉底"反诘法"的精妙之处就在于：提出问题，之后再不断提出问题使回答问题的人陷入矛盾之中，然后引导这个人自己思考，最后自己得出结论。这样的课堂生成的火花，突发闪现，点亮了孩子们的双眼！

随着人物传记答辩会的结束，很多学生的延伸阅读也已经开始了。介绍达·芬奇的学生开始读起了《米开朗基罗》和《莫奈》；介绍贝多芬的同学读起了《达·芬奇》。而老师天天带来带去、看来看去的《全球通史》也已经摆在了学生的桌头,两个同桌女孩已经一人一本看了起来。一个介绍过贝多芬,正在看《梵高传》的学生告诉老师,她回家就去买《艺术的故事》,她很感兴趣。一个女孩的延伸阅读是《柏拉图》,老师告诉她,被誉为“古希腊三贤”的还有亚里士多德,他是柏拉图的学生,是亚历山大的老师。人物传记就像一个交友场所,与这个人“交谈”时,会有他的朋友不断参与进来。慢慢地,你认识的人越来越多,你眼中的世界也就越来越开阔。人物传记答辩会开始之前,老师提示学生们,每个人必须边听边做笔记。为了及时指导他们的笔记记录,老师定期收笔记本进行检查。笔记大致有这样几类:一类是记录别人的优点,提示自己要注意什么问题;一类是记录自己要在答辩环节向同学提出什么问题;一类的笔记就像场记,详细地记录着谁在说,思路是什么,同学们问了什么,老师补充介绍了什么等。记笔记这个活动像一个小小的提示,使活动每个环节的质量都得到提升。记笔记可以训练学生听的捕捉能力,思的辨析能力和落笔的表达能力。当然,激励也是要有的,答辩环节中精彩提问和笔记记录的加分会加到考试成绩中。

根据学生答辩会的讲述情况,故事性强的人物传记,老师推荐到低段和中段讲学;思想性、思辨性强的人物传记推荐到高年级讲学。这样每个不同水平、层次的学生都可以得到锻炼的机会。活动结束后,老师组织学生们做了一次调查问卷。所有的学生都喜欢外出讲学这个环节,因为他们觉得这样可以分享自己的读书收获,加深自己对人物的理解,并且锻炼自己的胆量和演讲技巧。这个活动也得到了其他班老师和学生的欢迎,他们也开始开展各种形式的阅读活动了。这都是分享、交流带来的效果。

四、课程资源的开发与利用

(一)课程资源的内涵、构成与分类

课程是课程资源开发与利用的目的,同时,课程资源又是课程的设计、实施与评价的前提与基础,只有具备可资开发与利用的课程资源,才能开展与课程相关的一系列活动与环节,否则,所谓的课程开发与课程编制就成为

无源之水、无本之木。也正因为此,课程资源的外延比课程本身的外延要广阔得多,换言之,并不是所有的课程资源都能应用到课程之中,只有那些与教育教学活动相关的资源才被称作课程资源。在实际教学中,我们经常发现同一个资源,在某些学校、某些班级中能够转化为课程资源,但在另一些学校、另一些班级则不能,这就是所谓的课程资源的开发与利用的问题。

课程资源有广义与狭义之分。广义的课程资源指有利于实现课程目标的各种因素,狭义的课程资源仅指形成课程的直接因素来源。[①]"博雅语文"的课程资源是从广义这个角度来审视的,即只要是富有语文教育价值的、能够转化为或服务语文课程的所有资源,都被称作课程资源。"博雅语文"课程资源的构成指对整个语文课程发生作用、产生影响的那些资源。为了将所有的课程资源更好地组织起来,方便统整与区分,本书先对课程资源的种类进行了划分。

课程资源的划分方式多样,不一而足。比如,根据性质,课程资源可分为自然课程资源和社会课程资源;根据物理特性和呈现方式,课程资源可分为文字资源、实物资源、活动资源和信息化资源;根据存在方式,课程资源还可分为显性课程资源和隐性课程资源等。本书根据课程资源的来源,将其分为校内课程资源和校外课程资源,前者包括地理位置、教师和硬件设备三个方面,后者包括社区和家长两个方面。

(二)"博雅语文"课程资源的开发与利用

承接课程资源的构成,"博雅语文"试图从校内与校外两个方面,五个部分进行课程的开发与利用。

1. 课程资源开发的原则

课程资源开发需要遵循一定的原则,才能让所开发的资源有效地运用于课程中。

(1) 开放性原则。"生活处处有语文"为我们指出了课程资源开发的第一个原则——开放性原则。所谓开放性原则,就是要尽可能地开发与利用

① 吴刚平.课程资源的理论构想[J].教育研究,2001(9):59-71.

与语文教育教学相关的所有可能的课程资源，也即要求我们用大视野与高眼光审视语文课程资源的开发。无论是校内的、校外的，国内的、国外的，传统的、现代的，城市的、农村的，书面的、电子的资源都可以成为可能的课程资源。

(2) 便利性原则。高效、方便是我们做事的重要原则之一，同样也是课程资源开发的重要原则。所谓便利性原则，就是尽可能地开发与利用本校所有的、易于得到与利用的课程资源。遵循便利性原则既能够帮助我们提高课程资源开发的效率，又能够节约成本，同时，所开发的课程资源也更贴近学校师生，更易于师生接受。

(3) 针对性原则。课程资源的开发不是盲目与随心所欲的，更不是为了开发而开发的。相反，每一项课程资源的开发都要与学校、学科和课程的发展目标一致。一般来说，不同的育人目标就会产生不同的课程目标，而不同的课程目标则进一步决定了课程资源的选择与开发，即只有紧跟课程目标的课程资源开发才能有效服务于学校的教育教学。

2. 校内外课程资源的开发与利用

根据以上北大附小“博雅语文”课程资源开发的原则，下面我们对课程资源的开发与利用的具体内容进行介绍。

(1) 地理环境的开发与利用。地理环境是一所学校的先天因素，对于北大附小来说也是一种先天优势，从地理环境中择取语文课程资源更是一件信手拈来的幸事。

北大附小坐落于北京大学东北角，是北京大学的一部分，学校不仅毗邻清澈的未名湖和幽静的博雅塔，而且被北大的精神与气息深深浸染。校园里既有沧桑古老的清末建筑，又有参与新文化运动的名人故居；既有涵养性情的景观文化，又有启悟人生的精神文化。

凭借这种地理环境优势，语文学科团队因势利导，开发出了“北大文化”这一校本课程，深入系统地向学生传授北大的精神与思想。不仅如此，在具体的每一节语文课中，老师们更是随时插入与北大有关的教学内容，比如“此时幸遇先生蔡”“朗润园的灯光——季羡林先生的读书生活”等，这些内容的插入不仅向学生传授了北大的历史与知识，而且因其贴近学生生活经验，课程教学更易被学生喜欢、也更易被学生接受和运用。另外，北大“思想自由、兼容并包”的办学理念，也深深地影响了语文课堂教学，在北大附小的语文课上，学生与教师也早已形成了民主的教学氛围，学生可以畅所欲言，可以大胆表达自己的观点；教师的授课方式也不会拘泥于一种或某种形式，而是根据课堂需要灵活变化。

（2）教师资源的开发与利用。教师是教学中最主要的主体的之一，因而也是课程资源开发中的主要对象。我们的语文教师团队整体学历水平及个人素养较高，思维活跃，视野开阔，责任心强，具有较敏锐的问题意识、合作意识、创新意识，以及较强的反思能力、沟通能力、创生能力。比如，有的教师古典文学功底比较深厚，于是利用自身特点及学生的需求开发了“吟诵”课程；有的教师对阅读有比较系统的思考，于是和大家一起在研究中尝试开发了整体分层的阅读课程。

（3）硬件设备的开发与利用。硬件设备的完善是课程资源的开发与利用中较易解决的问题，基于教学的需要，下列资源为语文课程的开发及实施提供了便利条件。

图书馆：藏书量丰富，种类多样，有一定的复本配置。根据图书出版的最新信息，定期更新。

绘本教室：主要为低年龄段学生的绘本阅读服务，藏书量较大，书籍内容符合低年龄段学生的阅读兴趣。室内环境布置温馨舒适，有利于学生在放松的情境中享受阅读。

小讲堂：内部空间宽敞，设施配备一流，为学生的大型活动和教师的各种研修、观摩活动提供了便利。

（4）社区资源的开发与利用。北大附小的社区资源可谓丰富、雄厚。学校不仅与北京大学、清华大学和中国人民大学等全国著名高校相邻，而且还与圆明园、颐和园等名扬中外的历史文化名胜相对。另外，具有中国“硅谷”之称的中关村科技创新园区集聚了国内目前先进的科技文化、网络机构和教育理念。这些得天独厚的社区资源成为“博雅语文”课程资源开发与利用的取之不尽、用之不竭的源泉。比如，在学完《颐和园》《圆明园的毁灭》两篇课文后，师生一起走进两座著名的园林，感受文本中所描写的形象与故事，在触摸历史的过程中进一步升华了学生的情感。

(5) 家长资源的开发与利用。北大附小学生的家长可谓是高素养群体：著名学者、大学教授、商业界精英……这些无疑是极其宝贵的资源。

著名文化学者张颐武先生、著名儿童文学家曹文轩先生、著名哲学家杨立华先生等都为我们带来了精神盛宴。此外，很多家长积极协助学校的语文教育教学工作，通过自身寻找各种资源，如鹏鹏哥哥带孩子们领略中国传统文化的魅力，老郭叔叔带孩子们感受神奇的科学……

第三节　基础类、拓展类和研究类课程具体案例

一、《杨氏之子》课程案例(基础类)

(一) 指导思想与理论依据

以促进学生发展为指导思想，力求体现“生活—实践”观点，着力培养学生热爱祖国的语言文字和中华民族优秀文化的思想感情，使语文教学同生活实践紧密结合在一起。

调动学生学习的积极性，使学生在自主学习中发展思维、形成能力，以求得学生由被动学习转向主动学习。在教学过程中，让学生通过多种形式的朗读，对杨氏之子形成印象，感受到杨氏之子的聪慧之处，在这个过程中使他们领悟到学习方法，培养他们的阅读能力和良好的学习习惯。突出学生的学习主体地位，把知识传授、心理发展、人格塑造有机地结合起来。努力构建灵活开放的语文教材体系，使课堂内外充分地融合在一起。

(二) 教材分析

《杨氏之子》这篇课文选自南朝刘义庆的《世说新语》，该书是一部主要

记载汉末至晋代士族阶层言谈逸事的小说。本文讲述了梁国姓杨的一家中的九岁男孩的故事。故事情节简单,语言幽默,颇有趣味。学生刚开始接触文言文,让学生对文言文有一个初步的认识,理解古文的意思,特别是使学生感受到故事中人物语言的风趣机智。

(三) 教学过程

一、初读课文,指导背诵

(一) 解题

(1) 引出课题,学生齐读课题。

(2) 理解课题。

(3) 教师小结:古人惜字如金,所以语言精练是文言文的一大特点。

(二) 正音

(1) 自读课文。要求:尝试把课文读正确、读流利。

(2) 同桌互读。

(3) 教师小结:这篇课文中有两个生字大家要注意。

① 一个字要注意它的读音,看起来像是个形声字,如果按着形声字去读就会出错,是"诣"字,它的意思是什么?(答案:拜见)"孔君平诣其父"这句话是谁拜见谁呢?

② 还有一个字,写法容易出现错误,虽然笔画简单,但十有八九会错,是"曰"字,怎么写?(教师板书演示)这是"曰"字甲骨文的写法,像一张口,声音从口里发出,因此记"曰"字时,不如记作"口"字多一个横。

(4) 听老师读课文。要求:体会老师是怎么停顿的。

(5) 学生练习朗读。

(6) 指名读。

(7) 自己放声读。

(三) 熟读成诵

1. 课文去标点

(1) 学生谈自己的发现。

(2) 教师小结:古人写文章的时候都是没有标点的,你们能读吗?试一试。

(3) 指名读。

(4) 教师评价。

2. 课文变成竖排版

(1) 学生谈发现。

(2) 教师小结：古人写文章的时候就是这样，是竖排版，你们知道怎么读吗？(从右向左，从上往下)

(3) 学生练读。

(4) 指名读。

(5) 教师评价。

3. 课文中的字变成繁体字

(1) 学生谈发现。

(2) 教师小结：古人写字，很多字都是繁体字，你们会读吗？

(3) 学生试读。

(4) 指名读。

(5) 教师评价。

4. 去掉课文部分内容

(1) 去掉对话。

① 学生谈发现。

② 读课文，去掉的部分背诵。

(2) 去掉原因。

① 学生谈发现。

② 读课文，去掉的部分背诵。

(3) 去掉孩子的行为。

① 学生谈发现。

② 读课文，去掉的部分背诵。

5. 师生合作读

(1) 师读人物，生读事件。

(2) 师读一句翻译，生读一句原文。

二、细读探究，体会聪明

(一) 理解聪明

课文中的杨氏之子给你留下了怎样的印象？(板书：聪明)

(1) 敏于事。

① 教师引导：我觉得在这篇文章中，孔君平是聪明之人，同意我的观点吗？不信我们来分角色读一读。

② 师生分角色读后，通过“应声答”体会杨氏之子的聪明。

(2) 慎于言。

① 教师引导：孔君平有话说：我开了一个玩笑——杨梅有“杨”字，杨氏子有“杨”字，我把看似不相干的联系在了一起，我多聪明。

② 学生自由发言。

③ 教师小结：能听懂别人的话，借力使力，这样谨慎回答，就是慎于言。

(3) 知礼节。

① 教师引导：我还有话，我不仅聪明，而且有礼貌。别看你年龄小，我用了“君”字，君是敬称，相当于您，所以才有“送君千里”，才有“劝君更尽一杯酒”，玩笑之中有礼，我多聪明。

② 学生自由发言。

③ 教师小结：孔君平有礼，杨氏子更重礼，虽然是一个玩笑，但不失礼节，古人重礼，所以《论语》才有“不知礼，无以立。”

(二) 感受“聪惠”

(1) 教师引导：由此可见，孔君平聪明，杨氏子则更胜一筹，不能单单用一个聪明了，是“聪惠”。(板书：“聪惠”)“聪惠”就是聪明智慧，聪明和智慧真的不一样吗？看一看，你有什么发现？

(2) 教师总结：创造是有所依据，有前人的经验。真正的“聪惠”是把“敏于事；慎于言；不知礼，无以立”融在了创造之中。这才叫“聪惠”。(板书：创造)

（三）体验创造

（1）教师引导：既然创造是有前人的经验，如果来人不是孔君平，是柳君平，李君平呢？

（2）学生自由发言。

三、拓展阅读，推荐图书

（1）教师引导：在《世说新语》这本书中，还有很多这样的小故事，有一个特别有意思，孔文举十岁拜见李元礼，说：我（孔文举）是您（李元礼）家亲戚。李元礼问：咱们两家是什么亲戚啊？孔文举说：我的祖先孔子和您的祖先老子，是师徒关系，所以我和您是几代好友。李元礼和在座宾客无不称奇，陈韪（wěi）后来才到，然后宾客把这件事告诉了陈韪，陈韪说：小时了了，大未必佳。孔文举也应声答曰……八个字，猜一猜，写一写。

（2）推荐阅读：想知道答案吗？欢迎大家阅读《世说新语》这本书，里面有很多这样有意思的小故事。马上要放暑假了，行囊中多一本经典，会让我们的人生更加多彩。

（四）课后反思

经典诗文营养丰富，博大精深，《语文课程标准》就提到：“认识中华文化的丰厚博大，汲取民族文化智慧。关心当代文化生活，尊重多样文化，吸收人类优秀文化的营养，提高文化品位。”在抓住趣味的基础上，让学生爱上经典诗文，积累下优美的语句，自然就能提高学生的文化品位。

1. 抓住趣味，学习知识

文言文语言艰涩难懂，意思难理解，读起来也怪怪的，与学生隔着一定的距离，所以小学生们初次看到文言文会存在一些抵触心理。但是文言文精练的语言中蕴含着丰富的知识和人生哲理，教师抓住“趣”来进行教学，必能让学生从中获取许多的知识。

“曰”字是文言文中常见的汉字，笔画简单，书写本不是难点，学生们结合已有的知识记忆这个汉字时往往会说：是一个扁“日”。这样记忆汉字本无可厚非，但是在教学中，当学生说到扁“日”的时候，教师顺手板书曰字的甲骨文写法，并随板书解释："曰"是一张口，有声音从口中发出，因此记忆"曰"的时候不如把它记作"口"字多一个横。这样一来学生被新鲜的解释所吸引，同时也记住了字形和字义，对汉字的喜爱又增进了一步。

学习古文必须要背诵。让学生背诵一篇文章，从他们的心理来说是抵触的。在教学中，教师分三步引导，学生在轻松的氛围中便把这篇文章记在了心里。开始先指导朗读，鼓励学生把文章读正确、流利，能够准确地断句。接下来教师逐步将短文变换：去掉标点—竖排版—繁体竖排版，学生在不断地变换中感受着文言文初始的气息，并将文章的断句牢牢地印在心里。最后教师有步骤地去掉文中的语句，学生们勇于挑战，积极背诵，同时也感悟到了叙事文言文的写法。

2. 抓住趣味，训练能力

学习一篇文言文，也要关注它的工具性。在《杨氏之子》这篇文章中，虽然只有一组对话，但是这组对话不简单，说的人风趣幽默、和蔼可亲，答的人思维缜密、滴水不漏。这一问一答中体现了古人在口语交际上的智慧，让学生感受到杨氏子聪慧的同时，训练他们的口语交际能力是至关重要的。在教学中，教师创设情景，与学生们扮演不同的角色，学习别人使用语言的智慧，既要灵敏又要谨慎，同时不能有失礼仪，最主要的是要把自己的想法充分表达出来。之后教师引导学生进一步应用：当来者是李君平的时候，杨氏子会怎么回答呢？当来者是柳君平的时候，杨氏子又会怎样回答呢？

3. 抓住趣味，提高品位

学习一门知识的最终目的是什么？英国有一位女作家表达过这样的意思："如果只懂得读写，接触再多的知识也只能培养出无赖；与其如此，还不如让这些缺乏真正人格的人远离教育。"因此，在语文教学中能够多一些人格教育也是很必要的，《杨氏之子》这篇文章就是一个很好的例子。

《杨氏之子》这篇文章涉及两个主要人物，这两个人物在文章中充分体现出了各自的智慧——善于联想，语言风趣幽默又很得体，成人的话幽默中充满慈爱，孩子的话机智中有着无限的尊重，在不断的口语交际中引导学生学会文中人物的思维方式是很有意义的。

二、“北大文化”课课程案例(拓展类)

(一)“北大文化”课堂实录:“此时幸遇先生蔡”

本案例是五年级的一堂关于“北大文化”课的拓展类课程,执教教师是王敏。

教师:上课。

学生:起立!

教师:同学们好!

学生:老师您好!

教师:请坐。课前我们聆听了北大附小的校园《三字经》,接下来就让我们在语音袅袅的旋律中再次吟诵。

学生齐声诵读:

山之巅,惠风荡。

水之源,恩泽长。

北大附,小学堂。

阅百年,历沧桑。

溯渊源,丙午创。

至癸亥,名始扬。

五二年,入燕园。

回守望,心激荡。

承北大,秉人文。

尚风骨,崇理想。

倡自由,求民主。

兼包容,主开放。

教师:我们北大附小传承了北大的什么呢?要想找到答案,就要先来认识北大,说说你对北大有哪些了解?请你说。(教师指向一名学生)

学生:北大是五四运动的发源地。

教师：请坐。与我们民族的历史和命运紧密相连。你说。（教师指向一名学生）

学生：北京大学原名“京师大学堂”，是为官富子弟们开办的一个高等学府。

教师：嗯，说得不错，中国最早的高等学府。请你说。（教师指向一名学生）

学生：北大是第一所国立综合大学。

教师：嗯，不错，了解挺好。你说。（教师指向一名学生）

学生：北大好像是教授治校。

教师：这是之后北大最辉煌的制度。请坐，听完同学们的发言，我们不难看出北大历史悠久，群英荟萃。可是在1916年的时候人们又是怎样评价北大的呢？当时在北大读书的顾颉刚这样回忆：“学校像个衙门，没有多少学术气氛。有的教师不学无术，一心只想当官；有的教师本身就是北洋政府的官僚，学问不大，架子却不小；有的教师死守本分，不允许有新思想。”通过这样的评价你有什么感受？和大家分享一下。戴国军，你先来说说。

戴国军：感觉当时那个老师简直就是到学校来混的。

教师：不是来教学的，是混日子的，是吧？你说。（教师指向一名学生）

学生：老师，这种老师怎么能教出好学生呢？

教师：嗯，让人有一份担心。你说。（教师指向一名学生）

学生：我就是感觉那个时候学校里面很腐败，没有一点新的思想。

教师：没有新思想，似乎没有人在做什么学问。你说。（教师指向一名学生）

学生：我觉得那个时候的京师大学堂不是在拯救祖国，而是拖累祖国。

教师：如此沉浮低迷的北大急需改革，1916年，一个人物的出现使北大有了转机，这个人就是——

学生：蔡元培。

教师：他就是新任北大校长蔡元培先生。课间同学们查找了蔡先生的相关资料，接下来我们将进行一个有趣的闯关游戏，看看大家对蔡先生了解多少。这个游戏的名字叫“一站到底”,只有答对所有问题,才能一站到底,顺利闯关。老师读完题目之后,你就大声地说出答案,答错了就自觉坐下,答对了的继续闯关。听懂了吗?

学生:听懂了。

教师:好,全体起立!第一题,下面哪一位是蔡元培先生?(多媒体屏幕呈现两幅人物图片)

学生:应该选B。

教师:完全正确,照片A是蔡元培先生之后的接任者蒋梦麟先生。蔡元培先生的故乡是哪里呢?(屏幕呈现选项)

学生:A,浙江。

教师:不错呀。那蔡元培先生是哪一年任北大校长的呢?

学生:是1916年任北大校长的。

教师:1916年任北大校长,蔡元培先生不到30岁即被授予——

学生:翰林院编修。

教师:有人自觉坐下了,是吧?正确答案是翰林院编修,这个在当时相当于皇帝的秘书,帮助皇帝处理国政;蔡元培先生不到30岁的时候就任如此高的官位,可见他的才华实在超群。蔡元培先生40岁以后数度出国留学,他曾经到过许多国家,其中在法国和——(多媒体屏幕呈现问题和选项)

学生:B。

教师:德国的时间最长,非常好。并且蔡元培先生在德国学习时的所见所闻,直接影响到他接任北大之后的一系列改革。任北大校长后,蔡元培先生开“学术”与——(多媒体屏幕呈现问题和选项)

学生:B,自由。

教师:挺厉害啊,同学们。蔡元培先生被毛泽东同志誉为——(多媒体屏幕呈现问题和选项)

学生:A,学界泰斗,人世楷模。

教师:顺利闯关,同学们了不起!连续两周对这些资料的查找,大家对蔡元培先生的了解已经非常多,小小年纪就对蔡元培先生有如此多的了解,我觉得同学们特别的了不起！让我们把掌声送给自己。蔡元培先生接掌北大之后，当时的北大百废待兴，有许许多多的事情要去做。但蔡先生的当务之急就是聘任教授。请看大屏幕。这是一份当时的北大教授备选名单，到底聘用谁为北大所用呢？下面就请同学们当蔡元培先生的小参谋，你认为应该选谁？不应该选谁？说说你的理由。每个同学的桌子上都有这样一张工作单，把你选定的人物画上对号，可以多选。

教师：好了，孩子们。刚才我们在思考了之后已经开始有热议的氛围。下面把你的想法、你的建议拿出来，跟大家一起分享。当一个人在发言的时候，其他人如果不同意他的观点，请马上举手，表示反对。但是不要用你的语言打扰别人，等他把话说完，听清楚了吧？好，谁来首发？辛茜。

辛茜：我支持陈汉章。

教师：你想聘用陈汉章，是吗？大点儿声。

辛茜：我想支持陈汉章，因为他支持孔子的儒家思想，我认为他是个比较有思想的人，所以我支持他。

教师：你觉得他支持儒家，所以就有思想。你愿意聘用他？冷龙。

冷龙：老师我反对辛茜的意见。

教师：为什么？

冷龙：因为她说北大是国立综合大学，而且他要是一直用这种特别老套的说法讲课的话，那就一点新鲜感也没有。

教师：你认为有儒家思想太老了，太陈旧了是吗？所以你不同意。请坐。其他同学？杨震。

杨震：我反对冷龙的意见。孔子的儒家思想虽然非常陈旧，但是也是一种知识。

教师：嗯，而且是我们的国学精粹，是吧？杨新怡。

杨新怡：我也反对冷龙的意见，就是孔子儒家思想，大家都知道孔子是一个哲理家，他分析出来的肯定都是对当时的人民有帮助的，他不可能会害当时的人。

教师：他是思想家、教育家，他的思想一定是对这个国家有益处的，是

吧？你这么认为。你来说一下。(教师指向一名学生)

学生：老师，我反对杨新怡的意见。我觉得可能孔子的儒家思想有点死板，没有太多的新思想。

教师：你认为新思想特别重要，那么你想聘用谁呢？

学生：我想聘用陈独秀。

教师：为什么？

学生：因为我觉得他反对清政府，倡导科学和民主。就像蔡元培先生提倡的自由、兼容并包。

教师：噢，你对陈独秀先生很了解，是吧？所以你认为他更符合蔡元培先生的治学理念，治北大的理念。请坐！其他人？在峰。

在峰：老师，我觉得应该聘用陈汉章，因为陈汉章主张孔子思想。

教师：那你的意思是说，只要有孔子思想就可以治理中国了，不需要有新思想？

在峰：也不是这个意思。

教师：也不是这个意思，那是什么意思？

在峰：就是对古代一些借鉴。

教师：噢，也就是有借鉴，有选择的，是吧？其他同学呢，在聘用教授的时候，其他人选你们有没有考虑过？付松你说说。

付松：老师，我想聘用钱玄同。在这几个教授里，我非常想聘用的就是那些要庇护清政府，有新思想的一些教授。

教师：庇护清政府，要让清政府重新上台吗？

付松：不是，就是说要推翻。

教师：推翻清政府。

付松：就是一些有新思想的这些教授，如果全都是年迈的教授，可能等他们老了的时候，新思想就已经没有了。如果要继承新思想的话，就必须聘用一些新的教授。

教师：新的教授？

付松：对。

教师：所以你考虑钱玄同。那么有新思想，又年轻的教授还可以选择谁？你说。（教师指向一名学生）

学生：我觉得还可以选择梁漱溟，因为他发表了关于佛家理论的文章，而且北大思想自由嘛，有各种各样的信仰，或者佛教的那种不同的信仰，也是思想自由，而且他曾经报考北大落榜，就说明他非常想到北大去当教授或者是——如果聘用他的话，他会更尽心的。

教师：噢，你是这么认为的，有不同意她的观点的吗？你说。（教师指向一名学生）

学生：老师，我反对她的意见。我觉得虽然他可能会尽心地工作，但是他曾经报考北大落榜，这让我觉得他会不会知识不够，因为考北大还需要一定的知识，但他落榜了，可能还是不够那个资格吧。

教师：学问资格还不太够，是吧？请坐，除了这个争论，其他的人选还有考虑吗？除了刚才我们争议的这几位，大家还有没有其他的想法，想聘用的？请你说。（教师指向一名学生）

学生：老师，我想聘用辜鸿铭，因为他精通西洋科学，会四国语言。他又规定一直要学中国的文化，可以适当地学学其他国家的文化和思想。

教师：他擅长的这些可以让我们更多地了解西方文化，是这样吗？

学生：对。

教师：谁还有不同意见吗？李明成你来说说。

李明成：老师，我不同意赵佳的意见，因为辜鸿铭是坚决支持清政府的，而陈独秀他们都是反对清政府的，会有一些争议。

教师：你觉得他们之间会有争议，会有矛盾，是吧？请坐，谢谢你的分享。董龙你来说。

董龙：我反对李李明成的意见，因为清政府有它自己的理由，但是这并不完全能够代表个人的想法。

教师：也就是说，我们要想真正地了解他的观点、学术观点，还要了解他这个人真正的想法是什么。再了解透彻一点，对吧？请坐，同学们。我觉得呀，大家说得非常有想法，像个小参谋的样子，权衡利弊。王老师现在就想了，如果把这些人都请到北大来，你们觉得行不行？陈立勤谈谈你的想法。

陈立勤：我觉得不行。

教师：为什么？

陈立勤：有的是支持清政府的，有的是不支持的，掐架。

教师：他们的政治立场都不同，容易发生什么事情呀？

学生：掐架。

教师：容易有分歧，打架。请坐。你说。（教师指向一名学生）

学生：我觉得只要他们个人的争论不影响他们教学生，多点知识会更好，多学点政治立场也会更好，他们的个人恩怨还不会影响到学生。

教师：哦，你觉得不会影响到学生，是吧？这是你的想法，所以你觉得可以。是吧？嗯，你说。（教师指向一名学生）

学生：我觉得不行，因为一个是支持清政府的，一个是反对清政府的，而把两个知识交在一块学生就会搞晕了。是吧？

教师：容易影响学生，是吧？

学生：对。

教师：请坐。还有谁有同样的担心，请说说？杨新怡。

杨新怡：因为他们两个支持的不同，辜鸿铭容易把自己的思想教给学生，还容易把支持清政府的思想教给学生，而陈独秀容易把自己反对清政府的思想教给学生，所以那两派也会掐架。

教师：除了政治立场不同，还有什么不同？你说。（教师指向一名学生）

学生：老师，如果立场不同，可能会教学生们一些支持清政府或者一些反对清政府的思想，支持清政府的教支持清政府的同学，反对清政府的教反对清政府的同学，所以同学们最后毕业的话，还是会有矛盾。

教师：哦，除了政治立场不同，还有什么不同？你说。（教师指向一名学生）

学生：还有思想不同。

教师：为什么？

学生：比如说陈汉章支持孔子的儒家思想，他比较支持以前古人的一些思想，可是别的一些人的思想新，可能两个思想碰撞在一起，他们会争论，他们会起矛盾，或者起冲突。

教师：起矛盾，起争端。不同的政治立场，不同的思想，在同一学派当中又有不同的观点。同学们的这份担心可想而知，不仅你们反对，有反对的呼声，就连蔡元培先生的朋友也反对他这样去做。那么，蔡元培先生最终都选择了谁呢？我们一起来看看。为什么会这样呢？因为蔡先生这样看待大学：大学者，"囊括大典，网罗众家"之学府也！大学，是包括全部重大典籍，收罗许许多多学派专家及其学说的学府。所以，蔡先生把"思想自由、兼容并包"当作自己治理北大的方针。可是如果我们把这些人都请到北大来，同学们的担心会不会成为现实呢？就让我们去听听北大的学生和老师的讲述。（教师放幻灯片给学生看）

教师：蔡先生的良苦用心你们都明白了吗？

学生：明白了。

教师：兼容并包，各种学派，使其自由发展。在蔡先生的新思想的号召下，当时的北大人才荟萃，大师云集。一个群星璀璨的教授团就这样聚合而成，他们学有专长，开讲说课蔚然成风。当然，这只是蔡先生改革北大的一部分。在这八字方针的指引下，北大天翻地覆、焕然一新。下面就让我们通过一系列的小故事去感受北大的新气象。请同学们看这里，有一张故事单，同学们以小组为单位，先互相读一读，再说说北大有哪些新气象。开始！

（学生分小组读小故事）

教师：好了，同学们，谢谢大家的分享。接下来说说通过刚才小故事的分享，我们感受到北大有哪些新气象。谁来？冷龙。

冷龙：有一个人因为没有钱，就是考上了北大，他也上不了学。然后他就给蔡元培写信，蔡元培直接让他到北大来听课，而且，即使考试不及格，还给他三角五分的奖金。

教师：那这个人是谁啊？

学生：沈从文。

教师：现代著名作家沈从文，还有这样一件北大读书的趣事。请坐。还

有谁来分享？你说。（教师指向一名学生）

学生：我讲的这个故事是一位在北大读书的学生，他分别听两位有学术个性的老师讲课，听完这边又听那边，慢慢地，他就会用自己的脑袋想出更多的思想和……

教师：和发现两位老师的不同观点，是吧？这两位教授是谁啊？

学生：一个是——

教师：钱玄同。

学生：另一个人是黄凯。

教师：好，谢谢你的分享。来，你说。（教师指向一名学生）

学生：我的这个故事是说，当时男尊女卑，女子在课堂很难得，男女同校当时是被严厉禁止的，但是蔡元培掌管北大的时候就允许女生和男生在一块上课。也许，要不是因为北大革命的这一大步，我们现在还是分男校和女校的呢。

教师：所以咱们今天能够男生、女生一起在这里上课，我们还得感谢谁啊？

学生：蔡元培。

教师：了不起的一大步。请坐，请你说。（教师指向一名学生）

学生：我这个故事是说，蔡元培邀请泰戈尔去北大，泰戈尔到了北大之后就说："啊，这里特别像我的故乡。"我觉得有两个原因：一个是泰戈尔来中国之前肯定已经通过蔡元培先生了解了中国的文化；一个是蔡先生对中国文化的宣传太有效了，让世界看到了中国是什么样。也让中国人看到了世界的样子。

教师：嗯，让我们都能够有机会去互相交流。你说。（教师指向一名学生）

学生：我这个故事是说，有一次蔡元培先生趁出国的时候拜访了爱因斯坦，想让爱因斯坦来北京大学讲学，但是因为爱因斯坦当时有别的事情、别的工作，所以就没有来成。他在写给蔡元培先生的信中说，没有给北京大学讲学使他感到莫大的痛苦。

教师：嗯，这种莫大的痛苦充分表明爱因斯坦先生多么想来中国，了解中国。好了，同学们说得都非常精彩。新北大，新气象，总结一下大家的发言。主要表现在主张学术自由，坚持平民教育，使人人都有受教育的权力。交融中西方文化，文化与文化相遇，滋生更丰富的文化。北大从此走向极为辉煌的时期！

教师：这八字方针不仅给北大带来了新气象，而且直接影响了之后百年的中国教育，影响了我们在座的每一个人。身为北京大学附属小学的师生，我们很多人都有这样一份北大情结。记得王老师曾经带学生出国访问的时候，当别人得知我带的学生是北大附小的学生时，都赞叹不已地说："哇，你们是北大的小学生啊？"当王老师向别人介绍自己的身份时，也会听到这样的赞叹："您是北大的老师啊，真棒！"你们有这样的故事吗？分享一下。请你说。（教师指向一名学生）

学生：就是有一次我们正好返校，下午我要去跳街舞。因为彩排，第二天就表演，我没来得及换衣服。别人看到我这身衣服就说："啊，你是北大附小的学生啊？"

教师：别人这么说的时候什么语气啊？

学生：是赞叹的语气。

教师：你当时什么心情啊？

学生：我心里美滋滋的。

教师：美滋滋的。谁还想分享？吴宜飞。

吴宜飞：我们几个星期前去园博园秋游的时候都穿着校服，有一位爷爷看见了我们的校服就说北大附小的学生就是不一样，用一种特别赞叹的语气说，北大附小的学生言行举止都特别好。

教师：这是爷爷的看法，是吧？

吴宜飞：对。

教师：那位爷爷这么说的时候你什么心情啊？

吴宜飞：我心里觉得特别喜悦，而且还觉得特别自豪，作为一个北京大学附属小学的学生。

教师：请坐，你说。（教师指向一名学生）

学生：我也是在咱们上次去园博园秋游的时候，就是我们路过哈尔滨馆的时候，一个奶奶看到我们红白校服后面印着“北大附小”，她就说“哇，北大附小的，个个都是高才生呢。”

教师：是吧？听到这个的时候你什么心情？

学生：我也是非常自豪、骄傲。

教师：嗯，说得好，请坐。正像大家所说的，北大带给我们太多的骄傲与自豪！正因为如此，我们每一个北大人都有责任、有义务，把这份对北大文化与精神的传承继续做下去。就让我们带着心中积蓄的情感，再次诵读北大附小的校园《三字经》，感受这份传承。

学生齐生诵读：

山之巅，惠风荡。

水之源，恩泽长。

北大附，小学堂。

阅百年，历沧桑。

溯渊源，丙午创。

至癸亥，名始扬。

五二年，入燕园。

回守望，心激荡。

承北大，秉人文。

尚风骨，崇理想。

倡自由，求民主。

兼包容，主开放。

教师：我们今天的这节课属于校园文化系列课程中的一个小小的引子，接下来对北大文化传承的研究还将继续，这一课的最后王老师送给大家一份读书单。这里有北大的故事，有博学多才、个性鲜明的大师，还有北大的花草建筑，希望大家厚积薄发，下节课带着收获和疑惑再回到这个课堂，我们继续学习，共同成长，这节课上到这里，下课。

学生：起立！

教师：同学们再见。

学生：老师再见。

（结束）

（二）课程点评

北大附小课改中提出的一门全新的课程——“北大文化”课，本学期在五年级开始试行。面对这样一个新课程，最初大家非常矛盾：一方面感觉人文素养课程的提出让人耳目一新，另一方面又觉得大得无从下手。经过大家反复讨论，最终定位在以北大附小的人文素养课必须贴近学生为前提，于是便产生了第一个命题：北大附小校园文化的精髓是什么。回答是：它一定是我们北大附小独一无二的，可以代代延续，生生不息的，那便是对北大的精神与文化的传承。有了第一个答案，随之而来的第二个命题又出现了：如何给五年级的学生讲解北大的精神与文化的传承？

在寻找答案的时候，老师们查阅了大量有关北大的资料，那段时间大家回到办公室就开始聊北大、北大的大师、北大的老房子、北大那些充满激情的故事，甚至于北大的猫也可堪称一景，到最后沉迷其中的老师们似乎都有点想重走青春上回北大了。看来，为师者要为学生寻得所爱，首先应当学会自己先寻得所爱，有爱就会有热情。接下来果真顺畅了不少，关于我们的第二个命题大家不约而同地聚焦在这样一段评论中：美国教育家杜威曾这样讲过，“将世界各国大学校长进行比较，如牛津、剑桥、巴黎、柏林、哈佛、哥伦比亚等，他们当中，在某些学科上有卓越贡献的，固不乏其人；但是，能领导一所大学对民族和时代起到转折作用的，除蔡元培外，恐怕找不出第二个。”是的，没有蔡元培先生的“思想自由，兼容并包”，就没有当时北大的辉煌，就没有百年来北大与国家民族的同呼吸，共命运。蔡元培先生所提出的八字方针不就是北大精神与文化的集中体现吗？这不也是我们北大附小人一直延续的思想精髓吗？于是，我们找到了第二个命题的答案——给五年级的学生从蔡元培先生和他的“思想自由，兼容并包”讲起。给学生们讲思想，这样一个人类意识形态的、颇具抽象的东西讲给五年级的学生是不是太难了？

怎么讲？最实际的问题出现了，但大家决定选题不做更改，思考不能停滞。或许备课的魅力便在于此。有老师很快提议，爱玩是孩子们的天性，何不把严肃的话题变得轻松起来，让课堂“动”起来，让孩子们“玩”起来呢。还有老师马上提议让孩子理解“思想自由，兼容并包”，我们的课堂就应有所体现，辩论就是个好形式！这些思路的提出让大家眼前一亮，热情再次点燃。就是在这样的情景下，集团队之智慧，“北大文化”课的课程开发才进入了课程方案的实质性操作阶段。

一个孩子在自己的循环日记中这样写道：“爷爷、爸爸、我都是北大人，老师的北大课堂让我真正开始认识爷爷、了解爸爸，我为自己是一个北大人而感到骄傲！”更有家长和老师主动谈到，北大附小的课堂在变，变得让孩子们学会胸怀天下、敢当己任，能为学生寻得所爱，让孩子们的内心世界学会承载优秀的思想文化，做一个对社会有责任感的人。这样看来，我们“博雅语文”团队的所有思考和努力都是值得的。

三、“吟诵”课程案例(研究类)

(一)“吟诵”课程背景

吟诵是我国传统的诵读方式，发端于先秦，有三千年以上的历史，代代相传，口传心授，流传至今。三千年来，中国人都是吟诵着创作，吟诵着学习的。吟诵是按照汉语的规律和诗词格律来进行的，是中国文人必备的基本技能。今天，我们用西方的朗诵方法来诵读古典诗文，形式和内容是两张皮，古诗文的神韵和内涵，已无法体会。

吟诵在古代主要通过教育系统(私塾和公学，前者为主)传承。随着1905年废除科举，私塾面临困难，吟诵首次受到打击。其后，汉语朗诵定型，取代吟诵。新中国成立后，吟诵不再进入课堂。自从吟诵退出教育系统后，就有一大批著名学者、教育家呼吁吟诵归来：唐文治、赵元任、叶圣陶、朱自清、朱光潜……直至周有光、朱东润、赵朴初、南怀瑾、叶嘉莹、戴逸……2008年，常州吟诵列入国家级非物质文化遗产名录。2010年，由中共中央精神文明建设指导委员会办公室、国家语言文字工作委员会、教育部联合启动的

"中华诵·经典诵读资源库"拍摄了800篇古诗文吟诵的录像,免费提供给全国的语文教师制作课件。2010年,国内第一套小学吟诵教材——《我爱吟诵》出版。在吟诵传统濒临失传,中国人对吟诵已很陌生的背景下,《我爱吟诵》成为吟诵回归小学课堂的重要抓手和坚实基础。

2014年3月,王唯恺老师在《我爱吟诵》的基础上,筛选整理了《古诗词吟诵100首》。

吟诵不仅是一种阅读方法、鉴赏途径,更是对人的道德品格、文化精神的一种潜移默化的熏陶和培养,从而使传统文化深入人心,使中华文化精神继往开来,在构建和谐社会和文化复兴中,必将发挥重要作用。恢复吟诵传统,可以促使学生对传统文化产生浓厚兴趣,在阅读鉴赏的同时,道德教育隐寓其中,如水中著盐,有味无痕,对于荡涤乖戾、圆滑之气,养成谦谦君子之风有着重要作用。

(二) 课程理念

儿童"吟诵"课程是以促进儿童言语发展和精神成长为目标而构建的适合儿童的"吟诵"课程。其基本理念如下。

(1) 从儿童出发:课程设计以儿童为本位,从儿童的认知特点出发,以儿童的言语发展和精神成长为目标,课程实施重视儿童的生命体验和个体感悟。

(2) 从声韵出发:中国的诗歌,其含义不仅仅通过文字来表达,更重要的是通过声调、韵律、节奏、曲调等声音的方式来表达。声韵是有含义的。吟诵将诗的意蕴传达出来,与喜爱旋律、节奏的孩子相契合,让诗的种子轻柔地落入孩子的心田。吟诵让古诗文教学走上了循着声韵的回归之路,打开了儿童传承传统文化的一扇新门。

(三) 课程目标

通过吟诵,让儿童更深入地理解古诗文的意义,更深切地感受古典文学的生生不已,使其亲近传统文化,成为有民族根性的中国人。

吟咏诗词,诵读文赋,吐纳珠玉之声;撷取博文之华,传习雅言之道,养成君子之风。

（四）课程内容

隶属于“博雅语文”研究类课程的儿童诗文“吟诵”课程，以王唯恺老师汇编整理的《古诗词吟诵 100 首》为班级实践用书，探索吟诵在班级的实施途径与方法，探索吟诵与儿童言语发展、生命成长之间的关系。（图 4-3 为《古诗词吟诵 100 首》的部分目录）

图 4-3　《古诗词吟诵 100 首》的部分目录

（五）课程实施

1. 学吟

吟诵将诗的意蕴，诗的无以言说的深层含义传达出来。离现代儿童有一定距离的语言，经由吟诵，儿童得以领略其中无以言说的意蕴，与诗人进行深微细密的交流。吟诵是一种实践的艺术，不是可以从理性层面学习的一种知识。因此，在教学中，教师应重点让学生跟随教师或《古诗词吟诵 100 首》中的名家录音学习吟诵。

2. 缓慢推进

吟诵离开学校教育已有百年，在学生最初接触吟诵的阶段，不宜操之过急。每周吟诵量定为两篇，在缓慢前行中使师生浸润于其中，感受吟诵的力量。

3. 形成节奏

通过早自习、语文课前的几分钟、每周一节“吟诵”课等方式形成儿童学习吟诵的稳定节奏，促使其养成吟诵的习惯。

4. 适当指导

《我爱吟诵》第一次把小学古诗文的声韵意义揭示出来，在百首诗词的吟诵教学中，运用书中的“吟诵建议”，把吟诵的效果与声韵分析相结合，使学生更深入地理解古诗文的意义。教师可根据学生认知水平，对作品做简单的声韵分析。

（六）课程实施方案

1. 实施时间

根据班级实际情况，确定吟诵教学时间。通过早自习或固定的“吟诵”课，每周学习吟两首古诗词。

2. 教学原则

(1) 诵与吟相结合原则。儿童时期是记忆力发展最好的时期，因此必须抓住这一时机，让学生吟诵一些名篇佳作。

(2) 差异性原则。承认学生个体的差异性，尊重学生个体的差异性。

(3) 自主性原则。允许学生在规定阶段完成规定内容外的篇目，诵读更多的经典，并给予相应的评价。

(4) 鼓励性原则。以鼓励为主，激发学生诵读吟唱古诗词的兴趣及热情。

3. 教学策略

(1) 听吟策略。吟诵是口耳相传的一种艺术，因此，最好的学习方式是聆听别人的吟诵。《古诗词吟诵100首》所附录音的吟诵是由中华吟诵学会组织多位吟诵专家进行录音、筛选和审定的，每篇作品都配选了不止一个吟诵录音。教学中，应让学生有充分的时间跟随录音学习吟诵。教师也应积极学习吟诵，以自己对吟诵的热爱点燃学生对吟诵的热情。

(2) 学理策略。在学吟多遍的基础上，教师可根据学生认知水平，对作品做简单的声韵分析。

(3) 形式多样策略。采用教师带读、学生齐读、优生领读、学生自由诵读等多种形式，让学生坚持天天吟诵。

(4) 专家引导策略。班级邀请吟诵专家即北京大学杨芬老师担任专家指导，来校弦歌讲学数次，现场指导，大大激发了学生吟诵的热情。

(5) 交流平台策略。班级为校内一年级(一)班进行了吟诵专题的推广普及与交流，深受好评。仙吟社团12人和二年级的部分学生组织排演了《孝经》，参加了中央电视台《孝行天下》启动仪式的演出，收到社会多家媒体的好评。我校20余人参与中央电视台传统文化系列节目古诗文朗诵的拍摄，节目已在百家电视台播放。

(6) 以点带面策略。建立吟诵引领人制度和班级吟诵社团。提前将一学年要吟诵篇目的录音下发，由引领人提前学习，带动全班学生吟诵。同时，将吟诵优秀的同学组建为鹤吟社团，在班级起到了很好的辐射作用。吟诵引领人与所引领的古诗词篇目如表4-5所示。

表4-5　引领人与所引领古诗词篇目

学生姓名	引领古诗词篇目		
	1	2	3
1 车宇凡	001 关雎	041 忆江南	
2 陈嘉雷	002 螽斯	042 赋得古原草送别	017 从军行
3 陈天陆	003 小星	043 望洞庭	067 惠崇《春江晚景》
4 郭晋轩	004 木瓜	044 竹枝词	057 枫桥夜泊
5 胡晓君	005 蒹葭	045 乌衣巷	081 舟过安仁
6 胡远志	006 黍离	046 别董大	
7 李志豪	007 鹿鸣	047 初春小雨	
8 孟令时	008 离骚(节选)	048 江雪	
9 王羿珧	009 橘颂	049 滁州西涧	018 出塞

续表

学生姓名	引领古诗词篇目		
	1	2	3
10 王子超	010 短歌行	050 商山早行	
11 工子轩	011 七步诗	051 寻陆鸿渐不遇	
12 吴量子	012 饮酒	052 渔歌子	089 题临安邸
13 许致光	013 敕勒歌	053 清明	058 苏幕遮
14 甘丰齐	014 登幽州台歌	054 秋夕	
15 于水	015 回乡偶书(其一)	055 江南春	
16 包大元	016 凉州词	056 登乐游原	
17 周政	019 凉州词	059 渔家傲	
18 段欣然	020 逢入京使	060 书湖阴先生壁	082 晓出净慈寺送林子方
19 高墨柔	021 过故人庄	061 元日	083 四时田园杂兴(其二)
20 姜天祎	022 山居秋暝	062 饮湖上初晴后雨	084 夜书所见
21 蓝曼心	023 少年行(其一)	063 题西林壁	085 寒夜
22 雷芊萌	024 竹里馆	064 赠刘景文	086 早春
23 李妍妍	025 赠汪伦	065 六月二十七日望湖楼醉书	087 立春偶成
24 李语潇	026 望天门山	066 春宵	088 雪梅二首(其一)
25 温宁昕	028 古朗月行(节选)	068 浣溪沙·游蕲水清泉寺	090 乡村四月
26 文言	029 月下独酌	069 定风波	091 绝句
27 张贻然	030 金陵酒肆留别	070 蝶恋花	092 约客
28 张馨月	031 宣州谢朓楼饯别校书叔云	071 蝶恋花	093 卜算子·送鲍浩然之浙东
29 赵中莹	032 行路难	072 浣溪沙	094 虞美人
30 徐嘉旎	033 将进酒	073 春日	095 墨梅
31 叶茂鑫	034 黄鹤楼送孟浩然之广陵	074 观书有感	096 画鸡
32 梁芯妍	035 江南逢李龟年	075 青玉案·元夕	097 石灰吟
33 林曼宁	036 望岳	076 清平乐·村居	098 已亥杂诗
34 张杨	037 春夜喜雨	077 菩萨蛮·书江西造口壁	027 子夜吴歌(其三)
35 王晨阳	038 登高	078 秋夜将晓出篱门迎凉有感	099 村居
36 郎子卿	039 赠花卿	079 示儿	
37 窦楷然	040 江畔独步寻花七绝句	080 游山西村	100 长相思·山一程

4. 基本教学模式

(1) 标记：根据“平长仄短”“一三五不论，二四六分明”的吟诵规则，标出古诗的平仄。

(2) 诵读：依照平仄规律诵读古诗。

(3) 聆听吟诵录音至少三遍。

(4) 学吟：跟随教师或吟诵录音学习吟诵。教师可让学生根据平仄符号边做动作边吟诵，让学生在依平仄而舞的有韵律的动作里更好地学习吟诵。教师应安排充分时间让学生反复吟诵，并与学生一起学吟，以身作则。教师的示范尤为重要。

(5) 教师做简单的声韵分析。

(6) 学生脱离录音独立吟诵。

第五章 “博雅语文”课程的教学策略

第一节 “博雅语文”课程的教学策略概说

做事欲达预期目标、效果，过程中便离不开策略，语文教育教学亦是如此。“有效教学的研究表明，教师课堂的有效教学行为关键取决于教师使用教学策略的水平。”①要切实落实语文教学目标，真正提高语文教学质量，就必须关注语文教学策略。

一、看待“博雅语文”教学策略的视角

什么是教学策略？目前学界有诸多说法。虽然各有不同，但核心都是“怎么教”。

教学策略有哪些？立足于不同视角，可以分出很多的类别及具体的手段、方法，所以难以趋于统一。比如，加涅将其分为管理策略和指导策略。②我国著名课程论、教学论、学习论专家施良方，华东师范大学课程与教学研究所所长与博士生导师崔允漷将其分为课堂教学准备策略、主要教学行为

---

① 肖川. 教师：与新课程共成长[M]. 上海：上海教育出版社，2006：216.

② 加涅 E. D. 教学与学习的有效策略[J]. 博森，译. 外国教育资料，1991(5).

策略、辅助教学行为策略和课堂管理行为策略。① 黔南民族师范学院周圆、黄胜将其分为“以教师为中心”的教学策略，包括讲授教学策略和反思性教学策略；“以学生为中心”的教学策略，包括发现式教学策略、情感教学策略和促进学生自主性学习的教学策略；“以中介为中心”的教学策略，包括应用信息技术的教学策略和情境创设的教学策略。② 我国语文课程教学论专家曹明海专就语文教学策略提出三种类型：方法型教学策略、内容型教学策略和任务型教学策略。③

我们认为，教学策略没有所谓的好坏之分，只有恰切与否之别。在具体的情境中，能使教学效果趋于最佳的教学策略便是最恰切的。在这个过程中，可能是某一个策略发生了作用，也可能是某几个策略共同发生了作用。而且，教学策略不是静止的，而是动态变化的。所以，“博雅语文”的教学策略是整合的、灵活的、可调控的，最能帮助学生突破“临界点”而得以生长发展的，便是“博雅语文”教学策略。

基于这样的认识，在此，我们无意给予“博雅语文”教学策略一个准确的界定，给予教学策略类型一个全面的梳理，而是换到“哪些因素会影响恰切教学策略的选择、生成与运用”的角度来展开讨论。依托于相关的文献以及实践经验，我们认为，教师实践性知识、学生既有知识、经验和文体意识是影响“博雅语文”教学策略的三个重要因素。

二、影响“博雅语文”教学策略的三因素

（一）教师实践性知识

什么是教师实践性知识？学界至今尚未达成共识。研究者从不同角度对其进行了解释。比如，从其来源来看，可以概括为四个方面，即教师的经验、教师的受教育经历、教师的理论知识和教师的生活史。从其所含内容来

① 施良方，崔允漷．教学理论：课堂教学的原理、策略与研究[M]．上海：华东师范大学出版社，1999．

② 周圆，黄胜．2013年国内教学策略类型研究综述[J]．黔南民族师范学院学报，2015(1)．

③ 曹明海．语文教育智慧论[M]．青岛海洋大学出版社，2001：159．

看，广义上说，教师实践性知识是指教师在教学实践中的全部知识；狭义上说，教师实践性知识是教学情境中教师解决教学实践问题的知识。[①] 从其性质来看，研究者都认同教师实践性知识是关于教学情境中教师行动的知识。

基于相关的文献梳理及实践经验，我们认为，教师实践性知识是建立在个人生活史的基础上，"通过教师个人亲自的实践尝试和确证，或通过替代性经验的观摩，经由对教育教学经验的反思，在实践中持续建构与修正而生成的知识。"[②]

立足于这样一种认知，我们可以看出教师实践性知识的特点：首先，它是情境性的知识。所谓情境，"是在一系列'事'的直接环境中，由'人'及其与特定的过程互动构成的"[③]，它存在于教育教学活动中的任何时间，而且是不断变化的。面对不同的情境，教师需不断将抽象的知识转化为解决当前情境中问题的具体知识，而这正是教师实践性知识。其次，它是个性化的知识。教师的生活经历是不同的。即使相似，由生活经历所形成的个人经验也是不同的。教师面对的教育情境是不同的。即使相同或相似，所呈现的"眼中所见"及反应也是不同的。而这不同的个人经验、反应等正是教师实践性知识形成的基础。所以，教师实践性知识是教师在一定的教育情境中运用教学策略的基础。

（二）学生既有知识和经验

面对同一块石头，石匠可能会说："瞧，多好的石材!"画家可能会说："看，多好的素材!"所以如此，是个体的既有知识和经验在发挥着作用。

学生处于教育情境中时，其头脑并非空空如也，而是驻涵着丰富的既有知识和经验的，诸如生活经历、学识修养、知识结构、情感态度等。学生通过对新事物的感知、理解、体会而最终生成意义，是不断与既有知识、经验相联系的过程，它们规定了"理解的起点、形成理解的视野或角度、理解向未知开放的可能前景，以及理解的起点背后的历史与传统文化背景"[④]。所以，学生

① 张立忠，熊梅．论教师实践性知识的内涵与结构[J]．课程·教材·教法，2010(4)．

② 林一钢，潘国文．探析教师实践性知识及其生成机制[J]．全球教育展望，2013(10)．

③ 王建军．课程变革与教师专业发展[M]，成都：四川教育出版社，2004：113．

④ 殷鼎．理解的命运[M]．北京：三联书店，1988：23．

这种既有知识和经验呈现出个性化的特征。这种个性化，不但表现于个体，也表现于某个集体，如班级、学校、区县、城市、国家等。同样的个体或集体，在不同的状态下，对事物的感知、理解、体会和最终生成的意义也是不同的。只有充分考虑、了解、尊重学生的既有知识和经验，才能更好地“搭桥”，帮助他们积极主动地完成自我意义的建构。从这个意义上讲，学生的既有知识和经验是教师运用恰切教学策略的重要基础。

（三）文体意识

教学策略多种多样，很多情况下，它们体现的是教学步骤，即教学内容的安排。从某种意义上说，教学策略与教学内容是教学的两个层面。所以，教学内容的安排会影响教学策略的恰切。而文体意识是影响教学（尤其是阅读教学）内容是否合宜的重要因素。

文体是文章的体裁、语言特点、风格和结构的综合体。它可以从四个层次进行划分：（1）文类文体，如小说、诗歌、散文和戏剧等。（2）语体文体，如作家对语言文字的编排方式，以及用语、标点符号的使用倾向等。（3）主体文体，指创作者文学化地对待生活的方式。（4）时代文体或民族文体。我们这里所说的文体指的是文类文体。① 不同的文体有不同的功能和审美效应。文体的多样性和独特性，赋予了语文教学丰富多彩而又各有侧重的方式、方法。充分关注、了解不同文体的特点，会帮助教师采用不同的教学策略，既顺应文本本身的特点，又符合学生学习能力与思维发展的程度，运用的教学策略也是最恰切的。

第二节 “博雅语文”识字课程的教学策略

北大附小的“博雅语文”课程强调“博吸收”“雅呈现”。识字课程主要集

① 雷天云．文体意识下的语文导学案设计研究[D]．云南师范大学硕士专业学位研究生学位论文，7-8.

中在低年级语文教学中，侧重于帮助学生从各个方面、运用不同方法吸收足够的养分，走上"博吸收"之路。学生在校学习的时光并不是他们成长路上的全部风景，但在校学习是他们成长路上很重要的一部分。对于语文而言，课堂教学能够引导学生养成良好的学习母语的习惯，掌握一定习得母语的方式、方法，并帮助学生树立起最初的关于阅读的观念和意识。然而课堂教学绝不会是学生学习知识、掌握能力的全部场所，课堂教学当中习得的知识，形成的语文素养迁移到学生的课外阅读中，迁移到他们的生活运用中，才能真正地让课堂教学的价值丰厚起来。

一、博雅识字的整体阐释

博雅识字内涵下的识字教学不是简单地定位于课堂教学当中，对于北大附小的学生来说，汉字的认知在他们进入课堂之前就已有所储备，学前的生活环境，早期阅读的体验，入学前的教育等都会影响学生的基本识字量。可见，每一个学生入学时都不是一张白纸。因此，博雅识字应是综合课堂教学、阅读经验以及生活情境应用三部分的立体理念，也可以称为"课堂＋阅读＋生活"三位一体的识字观。

在这一课程的开发与实施过程中，我们基于五个视角形成博雅识字课程的核心策略。

(1) 以各种有趣的、贴近学生的识字游戏活动为载体，充分调动学生的学习热情和积极性的游戏导引策略。

(2) 依托汉字传统文化，合理运用字理知识来识字的文字求源策略。

(3) 以汉字作为探究对象，咬文嚼字品味文字，帮助学生更好地理解文本，发展思维，培养学生研究能力的自主探究策略。

(4) 关注课外阅读，帮助学生养成自主识字、享受阅读乐趣的文本积累策略。

(5) 力求将学习回归生活，体现所学即所用的知识迁移策略。

二、博雅识字教学策略的实施

以上分析，实质上为我们呈现了博雅识字课程设置中的一个整体思路，即课内指导、课外延伸；自主识字，策略导航；活学活用，服务生活。

博雅识字的课程目标是在"课堂＋阅读＋生活"三位一体识字观的引领下，培养学生终身自主学习的能力，引导学生养成良好的母语习得习惯，掌握有效的方式、方法，能够将课内所学延伸到生活中去。

（一）游戏导引策略调动学习热情

近年来，一些专家学者对识字教育的研究表明：少儿具有大量识字、提前阅读的巨大潜力。只要方法得当，识字不仅能够增加学生的积累，而且能促进他们的智力发展和认识水平的提高。

在低年级识字教学中，教师的教学要符合学生的年龄特点，19 世纪俄国教育家，被称为俄罗斯教育心理学的奠基人的乌申斯基说："没有任何兴趣和仅靠强迫维持的学习会扼杀学生的学习热情，这种学习是不会维持长久的。"低年级学生自制力较差，往往凭兴趣学习。课文中的生字密度又较大，如果教师不注意激发和引导，学生学习的热情会骤然下降，这样就很容易走入呆读死记境地，把识字过程变成认字过程。教师可通过游戏引导使枯燥的识字教学变得新奇有趣，变被动为主动，从而提高学生的识字效率。

《菜园里》是一篇归类识字课文，课文主要由加了拼音的 9 种蔬菜名称、一首儿歌和一幅插图组成。识记表示蔬菜名称的汉字既是教学重点又是教学难点。上课了，老师拎着一个大口袋，里面鼓鼓囊囊的。学生们一脸疑惑：老师又要出什么怪招？老师先请上来一个学生，让他把手伸进袋子，摸索一番后，告诉大家一点线索——此物或长或圆，表面或光滑或粗糙，或有"把儿"或有"尾巴"。然后让大家猜猜这是种什么蔬菜？学生的兴致一下子被激发，教室里成了喧闹的海洋。有抢着猜的，有蹦着叫的，有的干脆要冲上来自己摸摸看……好不热闹！为了控制局面，教师改变了一下方式，提出了自己的建议——学生可根据自己对蔬菜的了解，提出三个问题，让摸菜者回答，然后大家根据线索判断菜名。接下来的环节，教师又叫上一名学生，悄悄地告诉他菜名，然后由他来回答大家的提问，大家根据回答猜蔬菜。学生们在热闹的情景中高高兴兴地认识了不少表示蔬菜名称的汉字，了解了这些蔬菜各自的特点，还知道了它们长在哪里。下课时，学生们还兴趣盎然。趁热打铁，教师安排学生课下继续认识其他蔬菜名称的汉字。

北大附小的语文课堂上，教师努力打破传统的教学模式，创设条件激发学生兴趣，培养学生自主学习意识和探究性的浓厚兴趣。通过让学生摸蔬菜、猜蔬菜等活动使学生对即将开始的学习充满期待和热爱。亲自感受真实的蔬菜，贴近学生生活，获得的体验把学生一下子就带进轻松、愉悦的语文乐园天地，让课堂与快乐不再分离。课堂的学习不是终点，让生活成为识字的课堂，让学生在生活的大课堂中继续享受识字的乐趣。

（二）文字求源策略传承汉字文化

汉字启动了华夏民族的文明，汉字与文化的传承历经数千年，每一个生活在华夏文明中的炎黄子孙都是传承文化的个体和纽带。作为北大附小的老师，我们有责任让璀璨的汉字文化在课堂中播下种子，并在学生心中衍生出新的枝芽，让学生爱上中华传统文化，热爱祖国文明。《语文课程标准》明确指出：语言文字是人类最重要的交际工具和信息载体，是人类文化的重要组成部分。当今世界，经济全球化趋势日渐增强，现代科学和信息技术迅猛发展，新的交流媒介不断出现，给社会语言生活带来巨大变化，对中华民族优秀传统文化的传承，对语言文字运用的规范带来新的挑战。时代的进步要求人们具有开阔的视野、开放的心态、创新的思维，对人们的语言文字运用能力和文化选择能力提出了更高的要求，也给语文教育的发展提出了新的课题。

北大附小的语文教师团队充分认识到了新时期下语文课程所面临的新挑战。如何在课堂上继承和弘扬中华民族优秀文化，学生能够确实地做到正确运用语言文字，成为老师们研究语言文字教学的第一课题。学生所面对的文字是历经千年演变和发展的方块字，而这些汉字背后蕴藏的是璀璨的中华文明。从这个角度来讲，文字求源识字策略是一把能够开启学生对汉字文化认知的金钥匙。

文字求源识字策略是依据汉字的组构规律，从汉字的形与义、音的关系进行识字教学的方法，它能让学生通过“析形而索义，因义而记形”来形象识记汉字。实践证明这样的识字方法易记难忘，能从根本上解决学生的识记困难，有效地减少错别字，是一种很有效的识字方法。更重要的是，文字求源识字策略能激发学生对于文字求源的兴趣，有些汉字背后有历史故事，引发出更多富有传奇色彩的故事、传说或神话；有些汉字有明确的造字规律，牵引出一系列相关汉字；有些汉字背后仍有未解之谜，亟待后人解答……这些都能激发学生强烈的探知欲望，从最开始老师讲授给学生，到后期学生自主查找字源，自主讲解，可见文字求源识字策略能够很好地激发学生对于汉字的热爱，进而增加学生对于中华传统文化的认同感和自豪感，能使学生从根本上做到正确运用祖国的语言文字。

当然，这并不意味着课堂上的每一个汉字都适合于文字求源识字策略。教学策略的使用，都应该是根据学生学情、课文内容等精心设计和选择的。例如，有些汉字在识记时是有难度的，在书写过程中错误率较高，或者汉字背后有明确的历史背景。针对这样的字，教师就可以采用文字求源识字策略，一方面帮助学生在字源上突破识记难点，另一方面更好地激发学生对于中国汉字的兴趣，弘扬汉字文化，传承汉字悠久的文明。

如：人教版小学语文教材第五册中的生字“雁”。学生在书写时，易忽略“厂”字头下面的其中一个单人旁。而运用文字求源识字策略便可以突破这个识字难点。

“雁”的汉字源头如下：金文=（即，“人”字形）+（鸟），表示以“人”字队形飞行的鸟群。造字本义：一种习惯以“人”字阵形迁徙的大型候鸟。篆文、误将“人”字形写作“”（厂），于是另加“人”，强调雁阵的“人形”特征。

使用这样的方法之后，学生有意识地记住了“人形”特征，便也记住了两个单人旁的写法，从而大大降低了错误率。更有意义的是，文字求源识字策略引发了学生对于“隹”字鸟类意义的这部分的兴趣，从而又引申出了更多的字，如“雀”“雉”等。

上面的例子只是北大附小语文课堂当中文字求源识字策略的一个小小的缩影。还有更多的汉字，是由学生自主寻找字源的。如当学生学习到“漆”这个字时，学生追溯到中国造漆的历史，他们发现更令人骄傲和自豪的是中国是世界上最早使用漆的国家，七千多年前，中国浙江的河姆渡文化便出现了木质漆器；学到“原”字时，课堂学习中教师利用“原”字在汉字演变史上的变化进行讲述，引导学生理解该字的发展。学生了解到上古时代根本没有“源”这个字，一个“原”字既表示“水源”，又表示“平原”。到了后来，人们在“原”字的左边加了“三点水”，形成了新的形声字“源”，而本来的“原”字只代表“平原”等意义。这样，学生再次遇到“原”“源”两字，心中就能明确分辨了；学到“旗”字，追根溯源后，学生明确了“方”字旁以及右上角的一撇一横，来源于树木（旗杆）上飞舞的飘带，从而引发出一组意思相近的字：“族”“旅”“旋”等。从最初的教师引导，到后来学生的自主求源；从最初老师像讲故事一样讲述文字的历史，到后期学生能够相互讨论汉字背后的文化，相互补充和质疑，进而进行更加深入的探究式学习，学生由汉字入手发展至对于中国传统文化的关注，这样的文字求源识字策略有趣、高效，而这样的学习效度、学习深度、学习广度更是令人欣喜。

学生推开了这扇“文字求源的大门”，等待他们的是更多优秀的中国传统文化和璀璨的华夏文明。在这样的前提下，学生在课堂上被点燃的学习热情更广泛地延伸至课外阅读，这样的识字方法引发了学生在阅读中强烈的求知欲。学生自主学习，养成良好的母语习得习惯，良好的学习习惯，从而促进学生掌握更加有效的方式、方法。更重要的是，学生能够真正地将课内所学延伸到生活中去，由从教材课本中学习到从广泛的阅读书本中学习；由从小小的课堂当中学习到从无限的生活中学习；通过北大附小的“课堂＋阅读＋生活”三位一体的识字观，让学生无论是在课堂中，还是在书本阅读中，抑或是生活中，都能获得强烈的文化认同感和成就感，带着对祖国文化的热爱，他们将真正成为传承中华文化的纽带。

（三）自主探究策略发展思维能力

传统的语文识字教学，老师是课堂的主宰，所识汉字是学习任务的内容，学生是被动接受的“容器”，结果是学生或者具有一定的识字能力，或者有一定的识字方法，而这种传统的教学策略使学生被动地接受汉字，识记汉字，久而久之学生便会缺乏兴趣，失去学习的主动性，更不能发展学生的思维能力和研究能力。《语文课程标准》倡导以自主、合作、探究为主要学习方式，培养学生的问题意识，让学生带着问题走向生活，从而培养学生观察、分析、解决问题的能力，最终达到学生能够自主学习的目的。北大附小“博雅语文”所倡导的“课堂＋阅读＋生活”三位一体的识字观颠覆了这种传统意义的识字教学，它以发展学生思维，延伸学生学习空间为坐标，以汉字为探究对象，咬文嚼字、品味文字、识记汉字，从而帮助学生更好地理解文本，发展思维，培养学生的研究能力，激发学生对于祖国文字的热爱。

在人教版语文第四册课文《守株待兔》中，教材要求识记10个汉字，其中需要学生辨识“株”和“桩”两个字。北大附小的教师变曾经的“讲解字”策略为“研究字”的策略，他们让学生在咬文嚼字中做到“知其然”更“知其所以然”。

首先，根据人类认知规律从具体到抽象的特点，教师从题目和插图（如图5-1所示）入手，让学生分别理解“守”“株”“待”“兔”四个字的大意。学生根据图片明确指出“株”表示树桩。

这时，学生突然问：“既然‘守株待兔’中‘株’是‘树桩’的意思，题目为什么不叫‘守桩待兔’呢？”这样的质疑是教师在备课中没有涉及的，但这个问题很有研究价值。于是，教师引领学生共同探讨“株”字的来历。诗词对二年级学生来讲并不陌生，但对于文言文，大多数二年级学生还未接触过。对文言文，第一次接触的学生会抱有新奇感。教师在原本的教学设计中也为学生展示了这篇课文的文言文（如图5-2所示），只是想复现“株”字来帮助识记。但没想到学生提出的问题更有价值。教师首先肯定了学生的合理质疑，并改变识字教学策略，通过师生共同探究，来得出答案。

学生发现文言文中“株”字出现了三次，分别为“有株”“触株”和“守株”，表示的意思分别是：“有一个树桩”“撞到了树桩”和“守在树桩旁”。印证了之前学生所谈到的“株”字的意思为“树桩”的说法。在这个分析理解的过程中，学生渐渐体会到同样的意思古人习惯用单个语素来表达，而现在我们习惯用合成词来表达。同样表达树桩的意思，古人用"株"，现代汉语用"树桩"。在这样的咬文嚼字中，学生已经初步触碰到古今语言表达习惯的变化，这个探究过程给学生留下了极深的印象，师生共同收获了意外之喜。

图 5-1 《守株待兔》图片

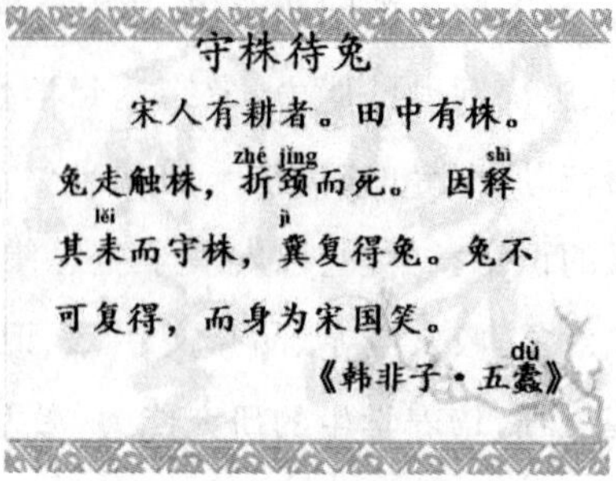

守株待兔

宋人有耕者。田中有株。兔走触株，折(zhé)颈(jǐng)而死。因释(shì)其耒(lěi)而守株，冀(jì)复得兔。兔不可复得，而身为宋国笑。

《韩非子·五蠹(dù)》

图 5-2 文言文《守株待兔》

自主探究式识字策略，从根本上激发了学生对于汉字的好奇。更重要的是，这种探究式策略充分体现了"博雅语文"课程中以学生为主体的理念。质疑源自学生，师生共同探究的过程更激发了学生对文字的兴趣，更好地推动了学生自主学习、自主探究。同时，这个过程中学生享受到了学习的乐趣，获得了极大的成就感和对中国传统文化的强烈认同感，这也为学生进一步了解中国传统文化打开了一扇启迪之窗。

（四）文本积累策略享受阅读乐趣

课堂教学是在方法上给学生以指导，而识记汉字不仅是"识"更需要的是"记"。在几十分钟的语文课堂上无法保证给学生充足的时间去反复地记忆，那么，有选择地、有针对性地课外阅读，就凸显了其在补充课内教学内容、帮助学生复现汉字、识记汉字时的重要性。

例如，在阅读课上，教师给学生讲绘本故事《好一个瓜啊》。孩子们跟着南瓜妹一起进入了愉快的种植旅程……忽然，孩子们发现了一个好玩儿的名字——"蛞蝓"，这是一种长得很像没有背壳的蜗牛的动物，这个名字该怎么读呢？这两个字显然是教材中没有的生字，也是学生已有储备当中没有的两个汉字。教师把"蛞蝓"这两个字写在了黑板上，孩子们纷纷议论："这个……应该是什么 yú 吧?”他们对于第二个字进行了大胆推测,表示第二个字音也许读 yú。教师进一步启发引导:“靠什么推测第二个字念 yú 呢?”学生们表达了自己的思考:“您看,那个字不是‘愉快’的‘愉’字的竖心旁换成虫字旁吗?”“哦,我知道了,这是一种虫子,所以它的名字都是虫字旁!”可见学生通过课内学习,已经掌握了一部分汉字的组字规律,并且能够根据这样的规律来总结和推测。

教师继续引导学生:“那第一个字能直接念 shé 吗?”这一次,学生们的意见就不统一了,看着孩子们热烈地讨论,教师提出“当我们遇到不认识的字的时候,我们可以请教谁?”“字典老师! 快,快去查!”教师的话还没说完,学生们已经迫不及待地动手去翻字典了。很快,答案就查出来了:“蛞蝓(kuò yú),软体动物,外形像无壳的蜗牛……”孩子们不由自主地大声读着字典上的注释。“是啊!”教师总结学生们的话“蛞蝓不仅仅外形像无壳的蜗牛,爬行的时候也会留下黏液,所以有的人会叫它——”“鼻涕虫!”孩子们再一次欢叫起来。

这只是阅读课上一次很小的阅读经历。但这样在阅读中随时认识、积累生字的过程,可以让孩子们在不知不觉中习得新知,学会方法,并能有兴趣、有意识地在今后的文本阅读中自主识字,享受到阅读识字带来的乐趣。

(五)知识迁移策略凸显活学活用

在识记汉字方面,学生通过教师在课内方法上的指导,加上广泛的阅读积累,生活中,他们将享受到运用汉字、迁移学习、识记汉字的快乐。

例如,在第一学段的一年级,学生处于识字起步阶段,教师安排过这样一项活动,让学生学习、认识家长姓名;学习、认识日常生活中常见物品的名称;学习、认识生活中看见的其他汉字。学生把识字从课堂上迁移到了生活中,在身边的人、事、物中学习、识记汉字,这样的识字才是全方位、多角度的。学生走出家门,在街道招牌、广告、宣传标语、商标、布告、电影、电视、电脑中主动识字,从报纸上剪贴自己认识的汉字拼成一句句简单的话,让识记的汉字渐渐积累成句,甚至成段、成册,学生的成就感越来越强。这更加激励了学生从生活这位伴随一生的“教师”这里学习的兴趣,同时,也延伸了学生对“学习”这一概念的认识——真正的学习,就应当是活到老,学到老;真正的学习,就应当是三人行,必有我师焉;真正的学习,就应当是无处不生活,无处不学习的。

在学生从生活中学习的同时,教师还要指导学生多多阅读,并为他们推荐相关的课外书。随着学情的变化和学生认知水平的提高,可让学生动手自办手抄报,把识字、读书及书写当成一种乐趣,一种生活中的主动需要。这样不仅能够让学生学得活泼,记得牢固,还能使他们把所学恰当地运用到生活中去。

第三节 “博雅语文”阅读课程的教学策略

北大附小“博雅语文”课程强调“博吸收”“雅呈现”。作为整个“博雅语文”学科群拓展类课程之一的“博雅阅读”课程,“博吸收”是其构建的基石。它面向一至六年级全体学生,是“博雅语文”课程中拓展学生阅读视野,着重体现“博吸收”这一课程理念的重要课程。

一、博雅阅读的整体阐释

博雅阅读内涵下的阅读课程内容特点为纵横开放,立体推进,因此,在教学策略上则体现为纵横交错、阶梯发展。

1. 纵向特点

纵向上,从一年级至六年级的策略阅读指导课,指向学生阅读过程中阅读策略的阶梯发展。

(1) 一年级“绘本之旅”,重兴趣,初步了解书籍的基本常识,学习阅读过程中最简单的几种策略。

(2) 二年级“跨越桥梁”,重习惯,借助桥梁书的共读,学习独立阅读的基本策略,逐渐形成自主阅读的习惯。

(3) 三年级“文学启程”,重交流,走向纯文字的整书阅读,借助儿童小说共读,初步掌握章节小说的阅读策略。

(4) 四年级“博览之旅”,关注阅读内容选取的广博性,懂得如何选择恰当的读物打开视野;借助不同种类章节小说的共读与自读,初步学会主题延伸阅读。

(5) 五年级“人文之旅”,借助不同种类中长篇章节读物,接触深度阅读策略,在共读中初步体验深度阅读带来的乐趣,引导思维向纵深发展;初步学习图书馆信息运用的一些技能。

(6) 六年级“典藏启蒙”,借助长篇经典小说的共读,重个体深度阅读体验;侧重名家名作阅读策略指导,利用思维导图工具与读写结合策略,综合发展学生的思维深度与广度。

2. 横向特点

横向上,以丰富多彩的读书活动为纬线,串起一个个同伴共读、师生共读、亲子共读、班级共读、年级共读的鲜活场景。

所以,在这一课程的开发与实施过程中,基于以下五个视角形成“博雅阅读”课程的核心策略。

(1) 基于对学生真实阅读状态与阅读兴趣的分析,纵向形成课堂为经线的整书导读策略。

(2) 依托教师既有实践性经验,横向形成活动为纬线的群体共读策略。

(3) 依据家庭阅读现状、童书出版与阅读实践等多种因素,开发适合附小学生阅读、内容多元、品味高尚的博雅书库,形成动态开放策略。

(4) 发挥家校合作优势,调动家长参与学生阅读活动的亲子阅读策略。

(5) 引进先进理念,为学生阅读方法注入新鲜活力的思维导图策略。

二、博雅阅读教学策略的实施

以上分析,实质上为我们呈现了“博雅阅读”课程设置中的一个整体思路,即纵横开放,立体阅读;策略指导,阶梯发展;学科共推,阅读共建。

“博雅阅读”的课程目标,首当其冲指向培养学生的终身阅读能力。我们知道,阅读能力的形成不是一朝一夕的,它是一个漫长、复杂而综合的过程。

培养阅读能力的过程中,老师们方法众多、风格不一,创意百出、独具一格。这些丰富多样的具体方法属于微观层面,这里不展开讨论,而是将课程策略定位于课程设置中的中观层面。

（一）整书导读策略在“博雅阅读”教学中的分层运用

1941年,叶圣陶在《论中学国文课程标准的修订》中针对“读整本的书”提到:“把整本书作主体,把单篇短章作辅佐。”《语文课程标准》在教学建议部分,做了这样的表述:“培养学生广泛的阅读兴趣,扩大阅读面,增加阅读量,提倡少做题,多读书,好读书,读好书,读整本的书。”可见,读整本书的意义重大。但在现实中整本书的阅读没有得到足够的重视,尤其是整本书的阅读指导缺乏实践和地位。1941年,叶圣陶在《论中学国文课程标准的修订》中指出:“读整本的书,不仅可以练习精读、速读,有利于养成好的读书习惯;还可以进行各种文学知识与文体阅读的训练;学生阅读的心理会更加专一,阅读效果也会更好。它可以收‘一石多鸟’之效。”由此可见,引导学生读整本的书,有利于学生语文整体素养的提高。

将整书导读策略作为“博雅阅读”教学中的一个重要原则性策略,是基于以下几个方面的考虑:首先,信息时代对个体阅读能力的要求与日俱增。尤其是当前,大数据时代的来临,将会使我们的阅读发生前所未有的变革,大量碎片化的阅读正在削减着读者的深度阅读能力,而整本书的深度阅读有利于阅读思维的完整与深度发展。其次,汉语作为中国人的母语,其学习过程与西方语言学习有很大的差异性。汉字的整体图像吸纳与汉语言学习历来重整体感悟的特点,决定了我们读书要注重整体阅读。最后,我们的母语有着数千年的深厚文化土壤,因此,语文学习必然要根植于中华文化之中。

正因为有着以上这些分析和判断,我们在进行“博雅阅读”关于分层教学的团队研究中,形成了“重策略、重整体、重导读”的整书导读策略,期待从另一个角度去体现“博雅语文”课程“博吸收”理念的科学性。

整本书阅读的关键是整体,它同一篇课文的教学有很多不同。一本书留给学生什么印象，从这本书中能感受到什么是很重要的。在读书交流的时候，教师在心中始终要有整体观念，不能因为个别地方的处理而忽视了整体。在强调整体感知的同时，教师应该注意引导学生逐步深入阅读。整本书阅读，既要关注学生的个性体验，又要通过细节的挖掘，牵一发而动全身，促进学生对整本书的理解。

下面，用几个不同课例从三个方面来论证整书导读策略在“博雅阅读”教学中的分层运用。

1. 从课程目标到教学目标，体现整书导读策略

例如，绘本导读《一个下雨天》是一年级“绘本之旅”课程中的一课。这一课的教学目标设定为：

(1) 通过绘本《一个下雨天》的阅读，了解一种读书策略——推测，初步在读一本书的过程中尝试用不同的推测方法。

(2) 认真倾听，通过引导，尝试说完整的一句话。

这两个教学目标一方面关注阅读策略推测，一方面关注听说习惯。推测的阅读策略，非常符合低年级学生爱想象、发散性思维强的发展特点，同时，目标也体现了学生学习运用口头语言表达想法的需求。

这样的教学目标设置，其实是基于一年级“绘本之旅”阅读课程目标的整体设置之上。

附：一年级“绘本之旅”阅读课程目标

1. 由对绘本图文内容的关注，引起学生自发阅读的兴趣，从而使学生初步形成自主阅读的习惯。

2. 通过主题绘本的课堂分享，掌握几种简单的绘本阅读策略，并能有意识运用在自主阅读的过程中。

3. 阅读策略注重：观察、推测。

绘本《一个下雨天》阅读教学案例片段

1. 进入故事，初探原因

(1) 讲述开端。(教师讲述故事)

(2) 初步预测。

师：到底小猪是怎么弄湿的呢？大家可根据想象、生活实际、前面情节进行推测。

(3) 印证推测。

师：咱们接着读："是的，但是又来了两只豪猪。""几只？两只豪猪？""对！"

看来，小猪湿透的原因果真没那么简单！

(4) 情节复现，屡猜屡中。

教师讲述故事发展。

(5) 惊讶原因。

师：为什么越来越惊讶？

生：个头越来越大、数量越来越多。

师：原来你们发现了一个规律！

师：练习说完整话，总结规律。

2. 概括规律，分享推测

(1) 回顾情节，发现规律。

师：回忆一下，刚才小猪向老山羊说原因时有什么规律呢？

(教师贴量词卡 1—5，总结规律：不同的动物，数量、个头依次变多、变大。)

师：大家看，读一本书，边读边思考，就能发现这么多有意思的内容，这样读书，真好！

(2) 同伴互动，多方推测。

师：继续往下想，小猪站在大树下，接下来会遇到什么呢？

师：和身边的同伴小声说说你的推测，待会儿再交流。

(学生想象说，教师参与并引导学生相互倾听，用完整的话表达自己的推测及理由。)

(3) 交流推测。

(4) 肯定推测。

师：有哪些动物不重要，重要的是大家都在围绕小猪浑身湿漉漉的原因展开推测，还想到了这么多有意思的情况。

3. 互动讲述，渐入高潮

师：刚才都是大家对故事的不同推测，想不想看看书中小猪的经历呢？我们接着读。

[设计意图]围绕故事情节，展开合理想象，通过充分的讨论和交流，学生的思维逐步打开，认识逐渐深入，利用复现的文字和插图，帮助学生在观察中合理想象，有依据地展开推测，从而获得继续阅读的信心和乐趣。

再如，桥梁书导读《不会说“不”的老鼠》是二年级“跨越桥梁”课程中的一课。这一课的教学目标为：

(1) 帮助学生通过想象，进入角色，了解内容。

(2) 引导学生依赖自己的生活经验，在情境中理解学会与人沟通很重要。

(3) 指导学生在读书过程中初步了解一些阅读策略，用以指导自己的独立阅读。

同上例相似，其教学目标设置，也是基于二年级“跨越桥梁”阅读课程目标的整体设置之上。

附：二年级“跨越桥梁”阅读课程目标

1. 继续通过阅读的兴趣，保持持续的阅读动力，形成自主阅读的习惯。

2. 借助绘本图文结合和拼音读物的桥梁形式，帮助学生顺利过渡到纯文字书的独立阅读。

3. 阅读策略注重：观察、想象、推测、比较、关联。

上述课程教学目标设置，体现了“博雅阅读”中“跨越桥梁”课程在设置中重策略、重导读的原则。

桥梁书导读《不会说“不”的老鼠》阅读教学案例片段 1

观察图画，推测情节。

第一次

师：第一次来人敲门啦，会发生什么事儿呢？

学生围绕"面粉",观图推测。

师:仔细观察图中的细节,你还能发现什么?把细节观察到,可以帮助我们更好地推测。

师:刚才,大家观察图画,推测到了许多可能发生的事儿。到底是怎么回事儿?我们还是看书吧。

学生交流读后收获:

师:噢!原来是这样啊!

第二次

师:"五分钟之后,又有人来敲门了。"大家看看,这次又是怎么回事儿呢?

学生聚焦"布头"和"借",观图推测。

师:仔细观察图中的细节,你们还能发现什么?

生:我发现桌上还有做衣服用剩的布头。

师:观察细节,可以帮助我们更好地有依据地推测。那么故事会怎样发展呢?

学生交流推测结果。

教师讲述情节印证推测。

师:难怪有人刚才这样猜呢!

第三次

师:过了一会儿,又有人来敲门了,这次会是什么事儿啊?

师:再看看,你们还发现了什么?

生:她正在扫地呢,自己正需要用呢!

师:猜得真快,有那么肯定吗?

教师讲述情节印证推测。

师:同学们太厉害了!读书时既善观察,又会推测!用自己的观察、想象、推测,都说出了一个小故事!

[设计意图]细致观察三幅插图,借助三次复现的文字和插图,帮助学生在观察中合理想象,有依据地展开推测,从而获得继续阅读的信心和乐趣。

2. 从教学设计到课堂生成，体现整书导读策略

以《不会说“不”的老鼠》为例，该案例第三个教学环节是：关联辨读，发现规律。基于前面的推测阅读策略，教师可指导学生掌握前后关联的阅读策略，并可引导学生在关联比较中发现故事在情节发展方面的一些规律，使学生能根据规律去继续合理地展开预测。

在整书阅读中，利用前后关联的阅读，合理推测，进而达到对故事情节的整体把握。这样的教学设计与课堂生成，真正地实践了“博雅阅读”的整书导读策略。

桥梁书导读《不会说“不”的老鼠》阅读教学案例片段 2

1. 关联辨读，发现规律

师：我们把这三件事关联起来，比较看看，你们能发现什么？

生：我们发现了以下几点：

A. 每次都是别人来借东西；

B. 每次借的都是她正需要用的东西；

C. 每次都借出去了；

D. 每次都是同样的回答“好吧”；

E. 每次都有一堆借的理由。

（教师引导学生前后关联起来，他们发现了老鼠阿美莉对待朋友请求的相同之处，进而发现了故事的发展是有规律的。）

2. 根据规律，大胆推测

师：故事接下来还会怎么发展？

A. 还会借出别的东西，不管自己是否需要，还是回答“好吧”，不会拒绝。

B. 不再向外借别的东西。理由是自己不能什么都没了，要适当说“不”。

C. 所有的东西都借光了。

3. 从书籍选择到内容重构，体现整书导读策略

以绘本课“这里是北京”为例，课堂教学借助《北京——中轴线上的城市》

这一绘本，对北京城市发展的历史做了介绍，其中涉及对中国传统建筑的关注、元明清三朝历史的掠影、北京城“九门环绕、四城叠加”的城市格局等方面。

课堂比重虽不大，但整书导读策略带出来的文化资源非常丰厚，通过我们对语文课程资源利用中的内容重构，将语文学习的视野拓展到中华文化的广阔天地间。在导读中着力关注母语文化的同时，也体现了“博雅语文”的吸收之博。

绘本读说课《这里是北京》教学案例片段

一、讲述《北京——中轴线上的城市》

1. 九门环绕北京城

师：看，这是北京城！（教师指向PPT中的一幅图片）有好多城门呢！你们想知道这些城门分别叫什么名字吗？（PPT上依次出示城门名称）

师：你们发现什么了？

生：城门位置都是一东一西！

师：对称是中国传统建筑的一大特色。

师：为什么叫德胜门？安定门？

生：出征前走德胜，回城走安定。

师：北京城门的名称这么有讲究！那咱们今天就跟着老师这个导游，一起走走这条中轴线。

2. 四城叠加一线穿

教师讲述。（略）

二、自由表达，初步指导

师：同学们，走中轴线逛北京的游览到这儿就结束了！咱们生活在北京，你眼中的北京又是什么样的呢？谁来介绍一下？

学生汇报。（略）

教师从表达清晰、有条理、注意层次三方面展开指导。

[设计意图]利用已有生活经验，通过读文和表达，将自己了解的北京城与书中的北京城结合在一起，既是对阅读和表达能力的提高，也是对传统文化的深入了解，一举两得。

在整本书阅读指导过程中，讨论是阅读指导中的重要环节，它不但能深化学生对书籍的理解，还能培养学生持续的阅读兴趣。组织小学生进行整本书的讨论，应该从情节入手，关注学生的兴趣，关注情感的熏陶。此外，通过交流读书感受，让学生的阅读成为习惯。要尽量避免阅读的功利性，注重潜移默化、熏陶感染。整本书的阅读超越了狭隘的语文课堂教学内容，在相对固定的时间段，让以儿童为本位的阅读材料进入语文学习过程，为学生开启文学之窗，滋养他们的心灵，丰富他们的精神生活，提升语文教学的人文性。教师是阅读交流的组织者和指导者，其指导策略的有效性表现在激发学生的阅读积极性和主动性，促使学生之间形成良好的相互作用，培养学生综合素质和良好的阅读习惯。教师通过话题引领，使学生在交流中进行思维的碰撞，提高学生的阅读理解、感悟能力。整本书的阅读交流把语文教学与教师的生命体验结合起来，教师和学生们一起分享童书，唤醒了教师对于语言的感觉，提高了他们的文学素养，使教师和学生们共同成长。

（二）群体共读策略在“博雅阅读”推广中的实践运用

二年级“毛毛虫咬书”共读活动很好地实践了群体共读策略在阅读推广过程中的重要作用。无论是二年级上学期的桥梁书共读活动，还是下学期《亲爱的汉修先生》纯文字整书共读活动，教师们坚持在“群体”“共读”二词上下功夫、做研究，带动“博雅阅读”活动的推广。

学校基本形成了同伴共读—师生共读—亲子共读—全班共读的“四共”形式，和以“氛围—参与—交流—延伸”四个阶段为特点的群体共读策略。

下面以《亲爱的汉修先生》一书的共读活动实践为例具体说明。

从活动主题“一起读，一起成长!”到共读启动，再到班中人手一书、共读共聊，北大附小营造出浓烈的共同读书交流的氛围。在以往以同伴共读为主的阅读环境中，我们加入了师生共读，班主任、语文老师、阅读老师的参与令学生的读书热情倍加。同时，从家校合作共同推进读书的角度，学校还调动家长参与到亲子共读活动中来，更好地实践了群体共读的读书推广策略。

作为群体共读策略，在“博雅阅读”推广活动初期，能更好地营造读书氛围，聚焦读书兴趣；在活动中期，则有利于读书话题的展开交流；到活动后期，群体共读策略有利于进行较完整、深入的评价反馈，或者开展进一步的读写、读演结合活动。

相信，这一具有实效性的群体共读策略，在北大附小“博雅阅读”推广中会有更广阔的作用空间。

附：二年级“毛毛虫咬书”共读活动策划方案

一、活动主题：一起读，一起成长！

二、阅读周期：一个月(4 月份：动员准备 1 周，集中阅读 2 周，交流呈现 1 周)

三、书籍选择：《亲爱的汉修先生》

四、书籍类型：纯文字整本书

五、活动方案

1. 启动

年级集会，举办本学期“毛毛虫咬书”活动启动仪式。首先，介绍 4 月 2 日国际儿童图书日的来历和我们在此节日来临之际，开展“毛毛虫咬书”共读活动的主题、意义；然后，介绍共读活动的基本内容、方式；最后，激励二年级全体同学一起读，一起成长，共呼主题，期待同学们热情参与到读书活动中，希望“毛毛虫们”努力在这个春天的读书季中蜕化为美丽的蝴蝶！

2. 实施

(1) 各班共读建议。(可根据各班具体情况做出个性化的策略调整)

① 班内备书。(纸制图书和电子图书皆可)

② 每天与学生聊书。(形式自由，长短不限，坚持两周)

③ 统一阅读周期为两周。

④ 语文教师、阅读教师、班主任有责任共同协作推动。

⑤ 可利用阅读课，读前进行纯文字整书阅读的读书常识介绍。

(需要阅读教师、语文教师配合准备 PPT)

(2) 各班班级读书会或阅读指导课的准备建议(可根据各班具体情况做出个性化的调整)。

① 年级提供读中指导资料：《亲爱的汉修先生》阅读指导方案。(时长

20分钟）

② 年级提供读后交流资料：《亲爱的汉修先生》班级读书会方案设计。（时长20分钟）

③ 进一步思考，建议侧重与中段写作衔接的读写结合指导课的研究。

(3) 注重各班间的经验交流，及时调整。

3. 多元阅读评价

(1) 过程性评价（阅读、积累的落实），主要侧重以下三方面。

① 教师掌握进度，学生做好自我纪录，可试用《博雅阅读手册》。

② 师生交流中了解阅读兴趣点，为读后的交流活动做话题聚焦准备。

③ 学生阅读积累，摘抄词句。

(2) 互动性评价（交往、合作的落实），主要侧重以下三方面。

① 班级读书会中的感受交流。

② 读后班内书友之间的交流。

③ 有与家长交流的经历，给家长讲一讲书中的人物、内容。

(3) 开放性评价（综合能力的落实、菜单式选择），主要侧重以下三方面。

① 编辑《毛毛虫咬书报》（手工、电子、PPT均可）。

② 制作阅读思维导图，培养整书整读的意识。

③ 对日记、书信写作方式的了解，有意愿试一试。

(4) 阅读测试，年级提供整书阅读测试题，有分值，有记录。

4. 教师资源包

(1)《亲爱的汉修先生》

(2) 阅读相关准备资料（读书指导方案、班级读书会方案）

(3) 整书阅读常识PPT、阅读测试题及参考答案

(4) 印制《博雅阅读手册》

(5) 读书中过程性资料收集：照片、感想片断、思维导图、日记、精彩交流……

（三）动态开放策略在“博雅阅读”书库中的开发运用

实施共读策略，灵活运用各具特色的具体方法，是“博雅阅读”课程的共读

策略取之不竭的活力源泉，这一过程也体现了教师创生课程的智慧与自由。这种动态开放，在“博雅阅读”当下及未来的开发、完善过程中是不可或缺的、也是必然的。以下三个案例，便能更好地传递出这样的课程创生策略。

1. “毛毛虫”咬出好习惯

为了激励孩子们多读书，读好书，好读书，年级各班均营造出良好的读书氛围：孩子们通过读书结成共读小组，互相鼓励，一起读书。在好书的吸引下，在伙伴的监督鼓励下，孩子们的小手纷纷伸向了各班图书角。二年级的老师精心为孩子们选择了《咬咬书系列丛书》。几十本图书占据了图书角大量的地盘，也占据了孩子们的心灵。各班开展了“毛毛虫咬书”活动。这个系列活动按照孩子们的识字顺序和识字能力，划分为如下四级：“轻轻咬”“小口咬”“大口咬”“使劲咬”。同学们从一年级绘本阅读，逐步转到与儿童文学相衔接的桥梁书的阅读。书的文字也逐步增加，从带拼音多插图的“轻轻咬”“小口咬”逐步演变成去掉拼音少插图的“大口咬”，再到文字增多的“使劲咬”。

孩子们在阅读的过程中，也在不断积累自己的识字量，不断地积累知识，不断开阔自己的眼界，认识不同的人物，了解不同的故事，接触不同的环境……同时，孩子们躁动的心在阅读的过程中渐渐安静。在早自习、课间、午餐后，甚至分餐前的两分钟间隙，都有孩子捧着书兴致盎然地阅读着。孩子们养成了良好的读书习惯，他们如同贪婪汲取书籍营养的毛毛虫，相信孩子们有阅读陪伴，终有一天他们也会“破茧成蝶”……

2. 好书漂流入心间

“毛毛虫咬书”活动进行了一段时间，基本上每个孩子都阅读了几十本的桥梁书，于是“好书漂流”活动应运而生。一本本好书就像一个个五彩的漂流瓶，每一个孩子都是好书推荐人，他们把来自于班级图书架的图书、自己收藏的图书，如同一个个漂流瓶投进书的海洋，让伙伴们随手“捡”来，慢慢阅读，让自己的好书不再待在书架上，而是与更多的朋友一起分享。小小“漂流瓶”让阅读真正地走入孩子心中，学生之间通过阅读进行交流，一方面促进学生间的相互了解，让他们互相分享书籍带来的精神愉悦，另一方面教师通过“漂流瓶”对学生阅读进行评价。同时，每一本书都配有好书漂流卡，上面印有推荐的好书书名、这本书的推荐人以及推荐的理由等栏目，下方还印有这本书的借阅时间、借阅人、一句话感言以及还书时间，旨在引导孩子养成良好的借阅习惯，增强孩子们爱护图书的意识。

“好书漂流”得到了孩子们的广泛喜爱，教师也在活动当中鼓励孩子们向班级同学推荐一本自己曾经阅读过的好书，教会孩子如何填写推荐书的信息及推荐理由。学生可以畅所欲言，可以写下书籍内容的介绍，可以写下书中精彩的片段，还可以写下自己的收获与感想。这样，在伙伴们拿到书的第一时间就能够简单了解书籍信息，激发阅读兴趣，吸引他们深入地去阅读书籍内容，并且在阅读的过程中不断积累自己的感受，在还回图书的同时，写下自己的感受，与更多的朋友进行交流……

就这样，一本本好书，组成一片书的海洋，一个个“漂流瓶”传递到一个个孩子的手里，给孩子们带来了读书的快乐，一句句热情的肯定与不同的感受，也增进了孩子们之间的友情。

3. 课本剧演活文字

“当我们第一遍读一本好书的时候，我们仿佛觉得找到了一个朋友；当我们再一次读这本好书的时候，又仿佛和老朋友重逢。”——伏尔泰

一本好书，一篇好的文学作品，当我们再次审视时总会有新的感悟。如何引导学生深入地理解文字，进行深入的阅读，成为二年级组老师们又一个新的课题。在分析了二年级学生的特点和阅读习惯后，老师们找到了新的读书方法——课本剧演活文字这一阅读的综合实践活动。二年级学生乐于表现和表演，通过课本剧和绘本剧的形式，使学生深入地理解文字，通过表演将文字进行再加工，再创造，用学生的理解丰满文学作品中留白的部分。更深层的目的在于通过他们喜闻乐见的综合活动让孩子更加热爱阅读，热爱表达。这是本学期二年级组正在进行的一种尝试和探索。

二年级组在以前也尝试进行过类似活动，但前人的经验告诉我们，有一些事情完全依托孩子的能力是无法完成的，二年级的学生仍需要教师辅导，如创编剧本、分析角色等。我们为孩子们准备了较为成熟的剧本，在排演的

过程中根据学生的理解和感悟再进行修改，就这样边演边改形成了新的创编思路。

此外，这一活动得到了家长朋友们的大力支持，我们借由这一活动整合家校资源，部分家长为孩子们提供了更好的资源，课本剧的排演，成为家校和谐合作的成功范例。

作为小学教师，也许我们不能给予孩子成长的全部，但我们努力通过组织孩子们喜欢的各种各样的活动，让他们受益终生。“毛毛虫咬书”活动，让孩子们享受阅读，养成了良好的阅读习惯；“好书漂流”活动，让孩子们丰富阅读的感受，增进了彼此的友谊，课本剧表演活动，让孩子们深入地理解文字，培养语文能力的综合实力。与此同时，我们的目光没有止步于语文学习或是阅读能力，我们的最终目的，是希望孩子们能够通过阅读，成为真正的博雅少年，博而不群，雅而深致。

（四）亲子阅读策略在“博雅阅读”交流中的结合运用

苏联著名教育实践家苏霍姆林斯基指出：“所有那些有教养、品行端正、值得信赖的年轻人，他们大多出自对书籍有着热忱的爱心的家庭。”美国著名阅读研究专家吉姆·崔利斯《朗读手册》上也有这样一段话：“你或许拥有无限的财富，一箱箱珠宝与一柜柜的黄金。但你永远不会比我富有，我有一位读书给我听的妈妈。”家长是孩子的第一任老师，在人的成长过程中，家庭教育是第一重要因素，是其他教育不可替代的。家校结合能促进孩子各方面能力的发展，家长配合、参与学校的阅读教育活动，能激发孩子的兴趣和情感，更有利于促进孩子的全面发展。

儿童时期促使孩子智力发展的最有效的方式便是亲子阅读。亲子阅读不仅是促进孩子智力发展的一把钥匙，而且有利于促进亲子关系。因此，“博雅阅读”课程的中年级阅读教学侧重开展丰富多彩、形式多样的亲子阅读活动：家长向孩子推荐一本书，共读交流，然后孩子向家长推荐一本书，共读交流。在家长与孩子的交流中，充分调动了学生和家长阅读的积极性，也促进了家校合作以及有效的沟通，收效甚好。在亲子阅读活动开展的过程中，凸显了以下几个优点。

(1) 亲子共读能培养孩子的阅读习惯和兴趣，增强孩子的语言表达能力，发展孩子的想象力，提高孩子的写作能力与交往能力。喜爱阅读的孩子在听、说、读、写方面的语言能力较不爱阅读的孩子要高。孩子从书中领悟复杂的意念，欣赏语言的美妙。阅读使孩子知识面扩大。书中的世界无限广阔，充满想象、好奇，给孩子带来无限的创意，孩子会终生受益。

(2) 亲子共读能让孩子树立远大的理想，从中熏陶优秀品质。爱阅读的孩子视野远大，心胸广阔，因为他们在书中古往今来的生活实例中获得丰富的体验和感悟，因此能从多角度看待问题，学会如何做人。

(3) 亲子共读能培养孩子独立思考的能力。孩子能在阅读中边读边吸收，边分析边理解，逐渐形成了独立思考的能力。喜爱阅读的孩子会自得其乐，阅读成为他们的一种内在的需求，一种愉悦的享受过程。

(4) 亲子共读有利于亲子之间的沟通，让父母更多地了解孩子。亲子阅读会让家长更容易了解孩子。孩子在成长的不同阶段，会遇到不同难题。他们或是年纪太小，不懂如何表达；或是踏入尴尬年龄，宁愿跟同辈、朋友分享，也不愿向父母倾诉，以致父母与子女之间生出难以逾越的隔膜。如果父母能从孩子很小的时候就跟孩子进行亲子阅读，在分享故事过程中，便能深入了解孩子。

(5) 孩子读书时发现书中人物的际遇与自己的相似，心中困惑便能解开。譬如《托托成长系列》里的小乌龟托托，怕黑、爱玩、霸道、做事慢吞吞……那根本就是许多小孩子的化身！这样的书是最好的辅导材料，亲子共读，父母就能了解孩子小小心灵的需要，适时疏导孩子的情绪。亲子阅读让父母与子女自然地建立起亲密关系，有了这种关系，不论孩子年幼年长，都可以跟父母达到无所不谈的境界。

孩子的心灵也需要父母的慰问，亲子共读就是以阅读为纽带，为父母创造了与孩子沟通的机会，使孩子的心灵得到更多的关爱。因此，父母应该每天都抽出一定的时间陪孩子读书，这样既营造了和谐的亲子关系，又让孩子享受到了读书的乐趣。同时还让孩子体会到学习的成就感。

以下是亲子阅读活动中,家长和学生共读之后的感悟。

张羽彤家庭共读《十五少年漂流记》后的感悟。

孩子:“当我们遇到困难或是受到惊吓时,我们想到的第一件事是向爸爸妈妈发出求救信号。可是在一个孤岛上,是没有爸爸妈妈接受我们的求救信号的,所以,我们该向书中的少年学习,学会自救。”

家长:“这本书让我认识到:每个人都是不完美的,但是每个人都是与众不同的。这个故事让我开始重新思考自己和孩子之间的关系,我究竟有多了解我的孩子,是不是他也有不被理解的痛苦?在我拿自己的孩子与其他孩子相比较的时候,我是否忽略了他的与众不同而只是把关注点放在了他的不完美的一面呢?当然,我以后会尽量使自己更加合格一些。”

刘茗萱家庭共读《抱一抱,好吗》后的感悟。

家长:“跟孩子一起读了《抱一抱,好吗》这个科幻故事,我非常感动。当机器人沙拉离开小主人绮丽的最后一刻,她流下了眼泪,终于体会到了人类的情感。现在的孩子多是独生子女,与同学朋友间的交往并建立友谊是非常宝贵的过程。有时听孩子说与同学之间发生的事,我会从另外一个角度指引她待人接物的道理,希望她多一些朋友,体会朋友间的友谊。”

有些家长在与孩子的沟通中,感触颇深,洋洋洒洒写了许多。例如,刘正阳家长就写下了这样一篇文章。

读《孩子们的秘密乐园》有感

我并没有读完整本书,只看了《这些大人》和《小孩子永远讲真话》这两章我就有了很多的感触。

这两章主要讲的是小孩子们去公园看马戏表演,但是整个表演从头至尾都没有出现过孩子们期盼的动物表演、空中飞人或者小丑表演。于是孩子们愤怒了,要求退票。可是马戏团不同意,说这就是马戏表演。当有记者采访孩子们时，孩子们的父母根本不给他们机会，都是直接抢过话筒，然后按照宣传手册说的照本宣科，说这次表演是颠覆性的表演，是高雅的艺术。但是，孩子们通过自己的努力，说服了马戏团长，终于见到了他们最喜爱却不受大人们喜欢的西瓜小丑和绿鹦鹉。

看了这两章，我想到了三个方面的问题。

1. 大人们和孩子们之间对于一些问题存在很大的认知差异。

对同一个事物，不同的人有不同的看法。就以打骂孩子这个问题为例：有的家长认为棍棒之下出孝子，打是亲，骂是爱；有的家长则认为孩子也是一个独立的个体，打骂孩子就是侵犯了孩子的人权，而且打骂孩子不是什么好的教育方式，它反映了家长自己的无能，等等。即使同一个人对同一个事物在不同的时候也会有不同的看法，小时候的一个想法，长大了可能又变成另一个想法了。所以大人们和孩子们对于同一个事物有不同的看法是完全正常的。但是这儿有一个问题，那就是大人们的想法就一定是正确的吗？大人们认为自己的看法肯定要比孩子们的看法正确很多。殊不知，大人们走过的路有很多是弯路，并且也正是因为大人走过的路太多，棱角被磨平了，思路变狭窄了，反而在很多问题上不如孩子们思路宽阔。孩子们因为没有受到过多的束缚，他们的思维可以自由地驰骋，所以可能更具创新意识和开拓性，他们的想法很多时候对于大人来说更具有启发性。即使孩子们的想法是错误的、可笑的，只要不是危险的，那就放手让孩子们去做，因为从失败中获取知识，可以让孩子们学到更多。既然如此，大人们就不应该压制孩子们的想法，或者把自己的想法强加给孩子，而应该积极地引导孩子，让孩子形成自己的世界观。

2. 大人们为什么不说真话，而孩子们却敢于说真话？

书中说杜真子的妈妈其实也不喜欢那个马戏表演，但是她还是按照宣传手册中那样去说了。为什么这样，因为她要跟专家的说法一致，好显得自己有水平。其他的大人也是类似。大人们在社会上经历多了，棱角磨平了，他们心里有了很多的顾忌，所以他们有的时候被迫说些违心的话，有时候甚至主动去编一些假话。而孩子们还没有受到社会的污染，他们是纯真的，所以他们敢于说真话，这正是他们的可贵之处。试想一下，如果整个社会所有人都是戴着面具的、虚伪的，这个社会就会死气沉沉，非常可怕。说到这，我不由想起了安徒生童话《皇帝的新装》，也许杨红樱的故事是从这儿得到的启发吧。

3. 孩子们通过自己的努力是可以影响并改变大人们的思想世界的。

孩子们在发现问题后，没有认命，没有妥协，而是跟马戏团团长据理力争：马戏就是必须有动物、空中飞人或者小丑的，否则就不是马戏。大人们认为那就是马戏，是高雅的艺术，可是那不代表孩子们自己的意见，并且大人们本身就在说假话，并没有说出自己的真实感受，而孩子们却说的是自己的真实想法，大人们不能把他们的想法强加到孩子们头上。也正是因为孩子们的坚持和力争，最后才达成了他们的愿望，他们如愿以偿地见到了引人发笑的小丑和可爱的鹦鹉。

说了这么多，轮到自己身上，自己其实也在很多方面还是做得不够的。我自己也应该更多地学习如何成为一个好家长，尤其是向孩子们学习，成为孩子的好朋友。

以上案例可以看出，亲子阅读策略为学生和家长提供了共同阅读、共同交流的空间，从阅读活动的内容来看，除了核心的阅读活动外，亲子阅读从选书开始，一直到读后的交流，形成一个“选书—读书—聊书—再选书—再读书……”的循环过程。在这个过程中，家长与孩子一起读、一起学习，不仅扩展了知识，又增添了孩子与家长的感情交流。我们相信，在亲子阅读的活动中，孩子的阅读兴趣会越来越高，家庭亲子关系会越来越好，我们离教育的真谛也就越来越近了。

（五）思维导图策略在“博雅阅读”呈现中的综合运用

语文教学中，阅读教学是语文教学的核心。阅读材料复杂而广泛，学习过程中学生需要储存的信息量随着年级的升高而增大，阅读材料的难度也逐渐加深。教师能否选择有效的教学策略，进而带动学生进行有意义的学习，是提高语文阅读教学质量、提升学生语文阅读能力的关键。怎样学习、怎样思考以及怎样让学习更为高效、更富创新力是如今学校、教师、学生应该思考的一个重要课题。《语文课程标准》指出："小学语文教学应立足于促进学生的发展，为他们的终身学习、生活和工作奠定基础。"语文教学应该如何促进学生的发展，为学生奠定怎样的基础呢？那就是应该让学生学会学习，学会思考。

小学生处于以形象思维为主逐渐向抽象逻辑思维过渡的认知阶段。要使他们在阅读过程中构建文章的脉络和线索，就必须借助形象思维的工具。而思维导图作为一种思维工具，正是用文字、符号、图像来形象地组织和表征知识的。

"博雅阅读"课程在高年级阅读教学中引入了号称21世纪全球性的思维工具的思维导图这种让阅读活动更加有效的思维方式。它不仅避免左脑和右脑起冲突，还结合了左右脑的优点，让思考更高效，更便捷。思维导图，是一种将放射性思维具体化的方法，它为人类提供了有效思维的图形工具，能够开启人类大脑的无限潜能。它由一个中心主题向外发散出成千上万的关节点，每一个关节点代表与中心主题的一个联结。思维导图中只有一个中心主题，然后由中心发散出很多一层关节点，就相当于分观点。然后再由第一层关节点发散出第二层关节点。第二层关节点必然跟第一层关节点是有联系的，而第一层关节点与中心主题也是有联系的。图5-3和图5-4就是两个思维导图。这样依次发散的思维方式，我们称它为放射性思维。

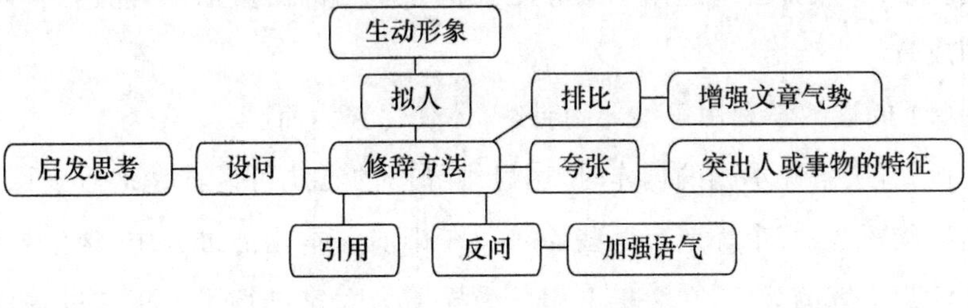

图5-3 "修辞方法"思维导图

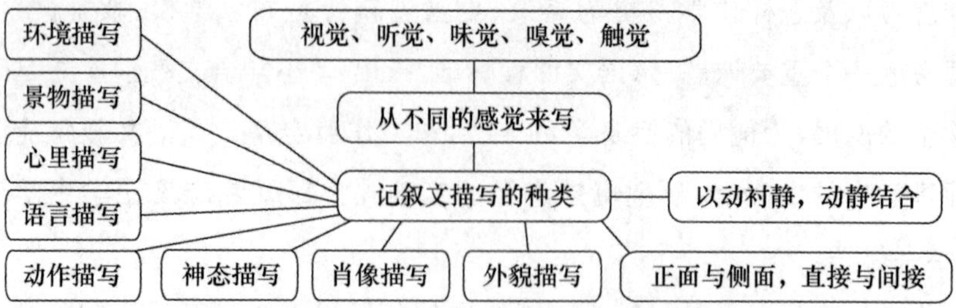

图 5-4 “记叙文描写的种类”思维导图

学生在阅读过程中绘制思维导图，通常由一个主题向四周发散，每个分支上使用一个或多个关键词，即根据上文提到的关键性语言信息，在这个过程中调动各感觉器官及已有经验，积极思考，将文本内容转化为直观、形象、可视的图画，把自己对文本的理解和文本互动的过程清晰地呈现出来，并在构建语篇意义的过程中不断修正自己的理解。这个过程可以充分调动学生的左右脑，帮助提高学生的逻辑思维能力和概括能力。

此外，当学生在课堂中将自己的阅读过程用图外化表达时，教师便可以了解每个学生理解文本的思路，从而指导学生更加高效地阅读，并在阅读的课堂教学中，变传统的讲解和分析文章的课堂模式为师生共同分享、研究、讨论的课堂模式，使学生逐步从自学到合作探究，最终充分学习文章的表现手法，领略文章的思想境界和情感深度，学会品味文学的品质。而此时，教师仅从教的角度出发进行分析讲解即可，丰富学生的图式内容和图式形式，释放出更多的时空，精心关注学生真实地获得学习经验的过程。在日常的阅读教学中，教师合理运用思维导图来指导学生的阅读活动，能达到事半功倍的成效。

(1) 阅读教学利用思维导图讲解，体现化繁为简。

例如，讲解课本剧的创作时，用思维导图的方式可以清楚地看到课本剧包括哪些环节，每个环节有哪些要求。在排演课本剧的过程中，学生导演为了说清楚排练的分工，在黑板上用思维导图为大家进行了分析和讲解，使每个人的任务一目了然，如图 5-5 所示。

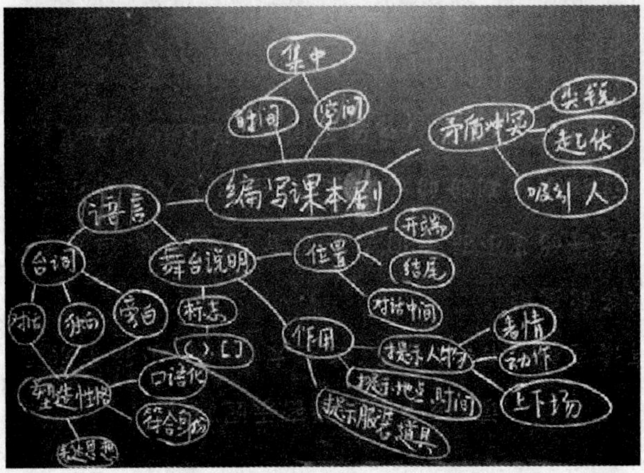

图 5-5 “编写课本剧”思维导图

(2) 阅读书籍利用思维导图提炼,体现内涵架构。

在阅读一本书的过程中,学生利用思维导图来理清书中的故事情节和人物线索,并选取一个中心主题来进行放射性探究,最终形成一张思维导图,这也是每个人阅读的个性化体验。而讲述给其他同学听的过程,就是思维碰撞和交流的过程。即使不亲自讲解,单看思维导图也可以领会阅读者的思维过程,例如,有一位学生在阅读了《奥黛丽·赫本》后,就根据自己对整本书的理解画出了一张思维导图,如图 5-6 所示。

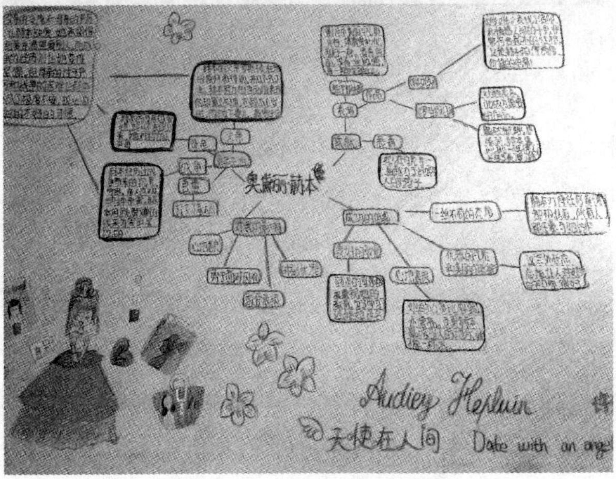

图 5-6 学生思维导图作品

(3) 阅读讲解利用思维导图呈现，体现思维过程。

在与大家分享读书心得时，学生也可以用思维导图来讲述自己的思路和观点。如六年级曾组织过共读《士兵突击》的活动，在小组分享读书收获的环节，某小组就使用了在黑板上画思维导图的方式来讲述自己的思考(如图 5-7 所示)。他们认为“不抛弃、不放弃”是钢七连的精神，这就是中心主题；他们认为最具有这种精神的人是许三多、伍六一、高城等人物，这是第一层关节点；这些人物的精神品质是第二层关节点；最能体现这些人物精神品质的事例则是第三层关节点。从这张思维导图中，我们可以清楚看出这组学生的阅读思路和观点，以及支撑这些观点的几层关节点内容。

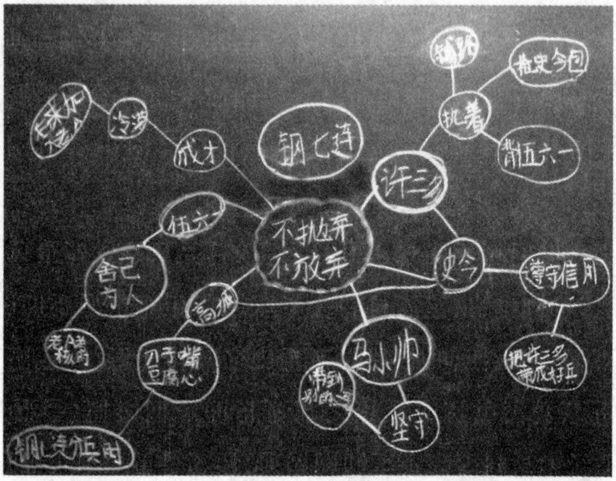

图 5-7 “不抛弃、不放弃”思维导图

在日常教学中，教师可以尝试学习使用思维导图帮助学生井井有条地表达自己的想法。学会有条理地完成各项任务，是培养学生思维的逻辑性，严密性的有效途径。用过思维导图的学生认为：“思维导图是思考最真实的流程写照，帮你连接观点，理清思路，深入思考，连点成线，并更方便地向他人展示说明。”“思维导图是一种没有局限的思维呈现方式。既可将目前这个层面的思维延伸下去，探寻出表面之下的深层意义；也可将思维网络化，清晰明了。”“思维导图用最简便的语言写出我脑中所想，不必用大堆大堆的文字。而且它还可以展现出各个时期、各个部分的关联。”

借助思维导图组织学生阅读，是提高学生阅读兴趣、阅读能力的一种有效途径。这种途径能促进学生思维发展，促进合作学习和创造性学习，最终使学生学会学习，学会创新。学生通过思维导图，获取阅读的知识和方法，发现知识点间的联系，学生对所学过的同类型的文章中的阅读知识加以标示，方便归类学习和灵活运用。

运用思维导图优化语文阅读教学过程——学生绘制思维导图、借助导图分享对文本的理解、师生与生生的互相交流、教师用导图导读导思……这些互动课堂，改变了传统纯课内阅读知识的讲授为阅读技巧方法的引导，唤醒了学生的内部意识，唤起了学生的阅读热情，促使学生产生浓厚的阅读兴趣，提高了学生的阅读能力，教会学生内省式、体验式的学习，使学生能变被动学习为主动学习，根据自己的实际能力、水平主动努力完成阅读任务，积极调整自己的努力程度，逐步培养和提高自身的阅读能力。而教师在这种课堂中，不仅充当了引导者的身份，而且成为学生内心的倾听者和视野的开拓者，在学生质疑或无助时，能够有针对性地指导学生更好地进行学习。

第四节　“博雅语文”习作课程的教学策略

北大附小“博雅语文”课程强调“博吸收”“雅呈现”。博雅习作课程是在“博吸收”的基础上“雅呈现”的重要环节，除了遵循作文教学的一般规律，还体现了各个年级作文教学的重点：低年级重在乐于表达，勤于写话；中年级注重留心观察，自由表达；高年级侧重有个性地表达，并逐渐养成根据需要主动表达的习惯。不仅如此，教师还总结出了具有鲜明特色的作文教学方法和策略。这些各具特色、富有新意的策略，具有很强的实用性，既体现了呈现方式多元化的特点，也造就了学生个性化的习作，铺就了“博雅语文”习作教学的成功之路。

一、博雅习作教学策略的整体阐释

奥地利哲学家斯坦纳说：教育就是教会人正确的呼吸。阅读是吸入，而写作便是呼出。博雅习作自由的呼出方式决定了学生习作的富有个性、百花齐放。写作课堂是面向一至六年级全体学生，着重体现“雅呈现”这一课程理念的重要课程。这一课程的开发，我们除了遵循写作教学的一般规律外，还立足实践，总结出了一系列招、术、法、式，其间渗透着博雅习作课程的精、气、神、韵。

所以，在这一课程的开发与实施过程中，我们基于六个视角形成博雅习作课程的核心策略。

(1) 充分激发学生写话兴趣，引导学生自画自写、写话配画的快乐作文策略。

(2) 充分利用阅读素材，巧抓读写结合训练契机，为学生创设阅读写作相互促进的读写结合策略。

(3) 依托校园活动，激发学生写作兴趣，鼓励学生在活动中积蓄丰富的表象与情感体验，创设更多写作类型的活动作文策略。

(4) 重视学生自由表达真情实感，关注现实生活，实现师生、生生自然交流、分享思想的循环日记策略。

(5) 抓住点滴灵感，捕捉最佳时机，尝试激情写作的即兴成文策略。

(6) 有效结合各学科教学内容，编织起学科交融的网络，实现学科间立体整合的学科融合策略。

二、博雅习作教学策略的实施

博雅习作课程的教学策略的实施，核心在于不拘形式，自由表达。学校学术自由的土壤，使得教师能够将自己独特的人文情怀、教育素养、学科素养融为一体，从而造就灵动自由的教学方法。教师在教学中，为学生创造条件，创设情境，充分开阔学生的活动空间，给予学生活动自由，鼓励思想驰骋，让他们在时空的自由中获得真切的感受，在心灵的自由中表达真实的思想，在自由的“雅呈现”中获得语言的发展，个性的张扬。

（一）写话配画的快乐作文策略

绘画是低年级学生最感兴趣的一种活动，是他们表达内心世界的重要形式。心理学研究表明：儿童是靠形象去认识世界的，儿童在感受形象时，观察的客体和词语之间就会建立相应的联系，就会产生“视觉经验的词语化”，即词和形象沟通起来。与此同时，儿童的语言及思维也随之发展。因此，在低年级习作训练中，进行写话配画的训练，让学生自己画，自己写，充分地激发了学生写话的兴趣，使学生感受到了写话的快乐，从而提高了他们的写话能力。

1. 画课文中的画，写课文外的话

教学中，教师会在学生充分理解文本的基础上，启发学生进行写话配画。教师在指导时，会引导学生将课文中的“话”与自己的“画”结合起来，使学生在“画”的同时，产生强烈的表达欲望，愿意把“画”写得更具体、更生动。

例如，学习了《蚕姑娘》，教师会让学生画画、说说、写写蚕的一生；学习了《小蝌蚪找妈妈》，让学生画画、写写，完成一份简单的小蝌蚪演变成青蛙的研究报告；教学《落叶》时，可以让学生看图再展开想象，说一说，画一画，写一写树叶还会落在哪里，谁看见了，怎么做的；学习《山寨》时，可引导学生根据插图展开联想，说一说，画一画他们心中的山路是怎样弯弯曲曲的，写一写，怎样沿着自己画的路上山，上山时看到了什么；学习《远行》时，可引导学生说一说，画一画，写一写他们设计的未来的交通工具什么样，它有什么作用。学生边画边写，展现在大家面前的是一幅幅图文并茂的作品，贴在班里的壁报栏中，起到了分享交流的作用。一年级学生的写话兴趣，在润物无声的活动中逐渐地被激发起来。

2. 画生活中的画，写生活中的事

作文教学应引导学生认识周围的世界，认识生活、热爱生活，做生活的主人。教学中，教师应引导学生观察丰富多彩的课内外生活，认识世界，感受自然和社会，画生活中的画，写生活中的事。

例如，周末到了，教师让学生走进大自然，领略大自然的魅力，并用笔记录下来。学生去寻找春天，感受秋天，回来后，一年级的小学生兴奋地写下了一句句话：

“河里的冰化了。”

“桃花开了。”

“香山的枫叶红了。”

“树上的叶子一片一片地飘落下来。”

每句话都配有一幅漂亮的图画。在老师的鼓励下，学生慢慢地能写出两三句话了：

“下课了，同学们在操场上玩游戏，十分开心。”

“下雪了，同学们在操场上堆雪人。不一会儿，就堆起了一个大雪人，同学们围着雪人快乐地唱起了歌。”

“星期六，我和爸爸来到操场上放风筝。风筝飞得高高的，飘上了蔚蓝的天空。”

“春天，妈妈种了几棵向日葵，过了几天，向日葵的小苗长高了。”

“春天来了，河面的冰化了。河岸两边的柳树长出了嫩绿的叶子，小草发芽了，桃树也开出了粉红色的花朵。”

“周末，我和爸爸去爬山。我们开展了爬山比赛，爬到半山腰，我累极了，但是爸爸却很轻松。我克服了许多的困难，终于爬到了山顶，可是爸爸却早已登上山顶。我输了！但我依然很开心，我感受到了爬山的快乐。”

从一句话到几句话，然后到一小段话。学生们“画”和“话”的水平在不断提升。

学校丰富多彩的活动，为写话配画提供了第一手材料，如：运动会、兴趣小组、科技周、合唱节等。学生把丰富多彩的内容画下来，配以生动的书面语言，制作成一份份以画配文、图文并茂的手抄报，在教室中展览。在此过程中，学生充分动口、动脑、动手，发挥想象，提高了语文的综合能力。

（二）巧抓契机的读写结合策略

写文章不是天生的本领，是学习来的，需要从大量的阅读积累中学，因为表达是有规律的，这个规律便存在于阅读素材之中。教材中有许多文质兼美的好文章，或有严谨的结构，或有优美的语言，或刻画生动鲜明的形象，或抒发真挚美好的情感……无一不是学生在作文实践中感受美、表达美、创造美的丰富源泉。一段文，一句话，甚至一个标点都可以成为引导学生练笔的切入点。在课堂上，教师努力为每篇阅读课文找到一个读写结合的训练点，使阅读与写作相互促进。

1. 填补空白，扩写课文

真正优秀的作品，都会有文本空白，给读者留下想象和再创造的空间。在课堂教学中，合理地利用这些空白，激发学生的想象力，引导学生根据自己对文本的理解，挖掘文本中隐含的信息，以自己独特的表达方式呈现出来。

例如，在学习《太阳》一文时，教师先让学生读懂课文，了解课文内容，再引导学生结合实际观察能力，发挥想象力，根据课文中的重点句“……（地点），太阳是……（怎么样）来的。”扩写出这样的诗句：

“果园里，太阳是从大树后面升上来的；
麦地里，太阳是从麦穗里抽出来的；
草原上，太阳是牛羊唱出来的；
高山上，太阳是从山脚下爬上来的；
大海上，太阳是从小鱼嘴里吐出来的。”

这些奇思妙句，便是学生热爱写话的表现。此时此刻，学生已完全陶醉在续写儿歌的优美意境之中。

2. 巧妙设疑，改编改写

在教学中，教师要善于抓住课文的中心内容，巧妙设计疑问，让学生的好奇心成为写作的催化剂，引导学生对文本进行改编改写。

例如，在教学《乌鸦喝水》一课时，学生学完课文后，教师组织学生小组讨论：这是一只怎样的乌鸦？你认为还有哪些好办法能让乌鸦喝到瓶子里的水？这两个问题刚一提出，学生便兴奋起来，有的看着插图思考，有的一边演一边说。此时，教师抓住契机，因势利导，让学生编写文章。

学生在他们编写的文中写道：

"乌鸦看到旁边有一棵大枣树，树上有许多果子，它高兴极了，立刻飞到树枝上，衔下一颗颗枣子放到水瓶里，瓶子里的水渐渐地升高了。就这样，不一会儿，乌鸦就喝着水了。"

有的学生写道：

"乌鸦看到垃圾筒旁有一个吸管，它把吸管衔来，放进瓶子里，一点一点地吸着水喝了起来。"

还有的学生这样写：

"乌鸦口渴极了，它扇动着翅膀把瓶子弄倒，嘴挨着瓶口咕咚咕咚地喝起水来。"

这样地巧设疑问，改编改写，既发展了学生的求异思维，又提高了学生的习作能力。

3. 领悟写法，仿写句段

皮亚杰说：对于孩子来说，从他一来到这个世上，他的一举一动无不都是以模仿为基础，正是这种模仿才成为他们日后形成思维的准备。文无定法，但基本的章法还是有的。在教学中，教师应充分引导学生发现文本的写作特色，从中领悟到一定的写作方法，并运用于自己的习作之中。

教学中，教师要先让学生读懂课文，整体感知语言材料，接受富有诗意的语言熏陶，再模仿课文进行自己的再创造。例如，学完《我的路》一课后，学生仿写道：

"我的路不在宽宽的大马路上，我的路不在狭窄的人行道上，我的路在风景优美的农村。那里有绿油油的庄稼，青翠的树木，清澈的小河。河里有数不清的小鱼游来游去。在河上还有一座桥，桥上有笛笛鸣的汽车，有咔咔叫的拖拉机，还有铃铃响的自行车。我的路在山间，那里有青青的山、绿绿的草、美丽的小花，路上还能闻到百花的飘香，听到小鸟在歌唱，看到小蜜蜂采花蜜。请你到我的路来走走，你会有享受不完的浪漫。”

4. 发挥想象，尽情表达

孩子是富于想象的，鲁迅先生曾说，孩子的想象力是值得敬佩的。凭借想象，孩子可以上天，可以下海，可以到达小鸟都到达不了的地方。因此，我们要让孩子们展开想象的翅膀，结合课文内容去畅想生活，畅想未来，写出自己奇特的想法或幻想。

例如，学完《远行靠什么》这篇课文后，教师引导学生根据课文内容，联系生活中对各种交通工具的认识，动脑筋展开想象，设计自己的发明创造——未来交通工具，并把小发明的样子、用途用几句通顺、连贯的话写出来。学生兴奋异常，纷纷动手边写边画。几分钟后，他们跃跃欲试，都要以设计师、发明家的身份给同学们讲述未来交通工具的名称、功用，并写出了《神奇的机器人》《多功能自行车》《未来救护车》等文章。

（三）激发兴趣的活动作文策略

活动作文是活动与作文的结合。它是以活动来激发学生写作兴趣，促进思维发展，开拓写作源泉的策略。它重在引导学生主动参与活动，眼看耳听、口诵心惟、手脑并用，积蓄丰富的表象与情感体验；重在促使学生在兴趣盎然的活动中，玩中思，做中学，观察事物、乐于表达、轻松写作，挖掘作文的源头活水。

1. 课堂活动，开放激趣

例如，在三年级的作文《写一种玩具》指导课上，教师让学生拿来自己的玩具，举办了一个玩具交易市场。在这个“市场”里，学生自由地推销自己的玩具。在“你卖我买”的交易过程中，学生间互相介绍着自己的玩具在外形、质地和功能方面的种种特点，力求介绍全面、精彩，以达到把自己的玩具推销出去的目的。活动中，孩子们快乐地交流，活动后用文字记录下了活动过程及感受。

再如，在《自己最喜欢的一件衣服》作文指导课上，美丽春装新闻发布会开始了，伴着节奏明快的音乐，孩子们穿着自己喜欢的衣服像模特一样在课堂中走来走去，向大家介绍着衣服的来历、样式和喜欢的原因。当时的气氛热烈极了，孩子们不仅展示美丽的春装，还与大家分享一个个充满温情的小故事。活动后，他们写下了一篇篇充满真情的作文。

2. 社团活动，“玩”出文章

例如，教师引导学生根据自己的爱好、特长自愿结社，推选出社长，拟定了社名、社标、社规和活动安排等。“月亮文学社”“ZR 自然社”“星星火炬社”……一个个小小班内社团如雨后春笋般地成立起来。

“月亮文学社”是其中最活跃的一个社团，他们排练并演出了《威尼斯商人》《上帝的宠儿》《哈姆雷特》等名剧，还自编自演了情景剧《我爱五(三)》。当学生第一次演《威尼斯商人》后，激情四射，课余时间便“玩”起了文学。在阅读了《贝多芬传》后学生自创自编了话剧《真理交响曲》，在演出开场前，全体演员齐诵：“要尽量做一个正直的人，热爱自由尤其高于一切。即使面对一位君王，也决不出卖真理。”那气势深深打动了在场的每一个人。社员们将在现实生活中不能实现的理想编成剧本，通过表演来展现自己的内心世界。一位学生希望长大后能成为一名特种兵，编写了《我的迷彩生涯》一剧抒发自己的心愿。“月亮文学社”的活动如同火焰，点燃了同学们心中对文学的热情，他们如饥似渴地阅读各类文学名著，尝试改编、自编剧本，合作写科幻小说。每节语文课的前 5 分钟，同学们有时演《我爱五(三)》系列情景短剧，编演的全是班里的真人真事；有时朗诵自己的最新得意之作，从散文、杂文、小小说到诗歌，题材、形式多样。

学生在小小社团的活动中，玩着就走入了神圣的文学殿堂，在玩中写出了锦绣文章。这是多么有价值的一种玩啊！

下面是“月亮文学社”社长创作的一首诗歌。

雪

我被陶醉了，
你以宽广的胸怀，
把我们围绕。
瞧，

我们多么渺小。

我被征服了，
你像纯洁的圣母，
让我的血流奔腾，
犹如一匹骏马飞跑。

我被你感动了，
多么伟大的季节呀，
你内在的美，
把一个神奇的世界，
变得广阔，
你让一个个纯洁的心灵，
光彩照人，
一颗颗肮脏的心，
被你的美丽感化，
成了圣洁的人儿。
你驱散了一切丑恶，
把世界变得更加美好！

3. 参观游览，游后练写

学生游览山水风光，以独特的方式传播着地理、历史、天文、文学等知识。学生在游中学，游中练，积蓄丰富的表象与情感体验，激发想象力，下笔就会有的说，有的写。

例如，学生与家人在长城游览，就城墙上的刻字现象与家人一起进行了讨论，写下了《长城上的“雕刻”》。一位学生假期去看望在美国的爸爸，用生动的笔触描写了异国风光，如《迷人的夏威夷风光》《我来到了好莱坞》。还有《游什刹海》《参观泥河湾古人类遗址》《重庆渣滓洞白公馆一游》等游记都是内容翔实，有景有情，情景交融的好作品。

再如，学校组织参观北大校史馆，让长在北大的孩子重新审视了这片土地。有一位学生在作文中写道："北大的名人可真多!"她从梁启超、康有为写到鲁迅、茅盾、徐志摩、朱自清、叶圣陶,又从科学家李四光、华罗庚写到邓稼先,还从革命家李大钊、陈独秀写到毛泽东。参观后,当她再次和同学坐在未名湖畔时,心境就不一样了,她眼前仿佛出现了一幅幅画面:"五四运动时期,有北大青年奋斗的身影;抗击日军侵略的队伍里,有北大学生宁死不屈的身影;在民主救国的战火中,有北大学生英勇献身的身影。在这片土地上,培养出多少祖国建设的栋梁之材啊!我的爸爸妈妈是北大教师,将来,我也要做北大人!"这位学生成绩优异,各方面都很出色,后来,她被评为北京市三好学生,还考上了北大附中,正在朝着做北大人一步步努力着。

4. 实践活动,关注生活

"对自己身边的、大家共同关注的问题……组织讨论、专题演讲,学习辨别是非善恶。"这是《语文课程标准》关于综合性学习的论述。组织学生参与社会调查,感受人们关心的热点问题,有助于提升学生的小公民意识。

食品安全问题是社会生活中人们普遍关心的问题,也是常被两会代表议及的问题,教师让学生扮演两会代表来参与讨论。同学们纷纷展开了调查。有的学生在家发动全家老少三代讨论,每人都写出看到的问题,并进行分析及提出提议。在学写提案的活动作文课上,有的同学在提案中给商贩提建议,请他们在种植、养殖、采买、加工、包装、运输、销售、储存等环节,把住食品安全关。有的同学给消费者提建议,介绍鉴别安全食品的检验标志及挑选食品的方法。有的同学给政府管理部门提建议,要求及早制定食品安全法,严格执法,秉公办事,惩办违法行为。这次社会实践活动,学生们人人写提案,共写出了几百条建议。他们体验了人大代表为老百姓办实事的过程,提升了自己作为小公民的社会责任感。有的学生自豪地说:"我也当了一回小代表,会写提案了!"

下面是学写提案教学活动实录(节选)。

师:你们这些小代表真称职,把发现的问题反映出来了!在社会中,美好的事物众多,但丑恶的事物也未绝迹。现在,我们让假的、丑的、恶的东西暴露在光天化日之下,就会让它们如老鼠过街一样人人喊打。不过,作为小代表，除了揭露，还得动动脑子，想一想怎么解决这些不安全的食品问题？先请你们想一想，食品来到我们的餐桌上要经过哪些环节？

生：粮食类的要种植，肉类的要养殖。

师：说得好！原材料有了，怎么变成餐桌上的食品呢？

生：还要有人买来，加工，卖给我们。

师：食品是怎样到超市的？是像妈妈蒸包子一样，蒸好就盛到盘子里的吗？（众笑）

生：不是，是包装好，用汽车运到超市，我们再买回家的。

师：对呀！从大家说的来看，是不是要经过这样几个环节？（教师出示课件）

“种植养殖—采买食品—加工食品—包装食品—运输食品—销售食品”

师：请你们多角度地讨论一下，假冒伪劣食品是怎样产生的？商贩、消费者、执法部门和政府各有什么责任？可以围绕一两个环节给有关部门提建议，找办法解决。

合作小组展开激烈讨论。

师：哪个小组先来汇报一下呀？

生：我们小组觉得，消费者应该保护自己，不在小摊上买东西，小摊上的食品无质量保证。不购买“三无”产品，也就是无厂址、无生产日期、无保质期的食品。

生：我补充一点，买蔬菜、水果、鱼、肉，要看看，闻闻，是不是新鲜，不新鲜的不买。

生：请大家看，我手里的这几个标志。（展示图片）

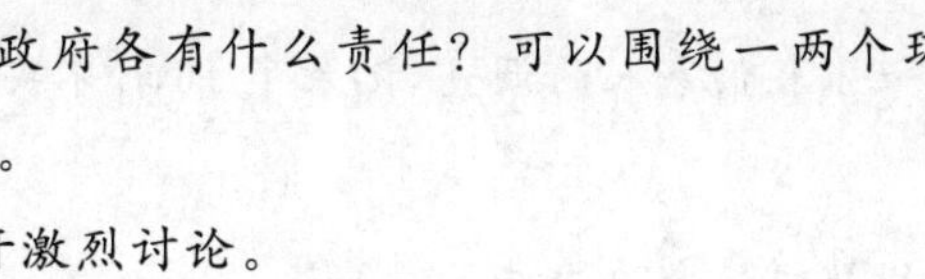

图 5-8 学生搜集的健康食品标志

第一张图片是食品质量检查合格的标志；第二张图片是无公害农产品

标志；第三张图片是绿色食品标志；第四张图片是有机食品标志。这些都是健康食品的标志，应该大力宣传，让人人都知道。

师：你们这些小消费者挺有生活经验的嘛！负责给超市采买的人得向你们取取经了。

生：我给商贩提个建议：要是商贩坚决不采买那些放农药的蔬菜，不采买给猪饲料里放瘦肉精的肉类，黑心人的东西就卖不出去了。市场上也不会有这些东西。

生：我们小组说，运输食品的车辆应有冷藏设备，食品应是密封的，不能裸露着，要是苍蝇叮了，或者道路上的灰尘落在食品上了，就不卫生了。

生：我建议政府尽快研究制定《食品安全法》，做成小册子，发给老百姓。

师：这主意不错！要是人人都知道法规，都依法办事，坏事就无处可藏了。

生：我这儿有一张我们家人的调查，记录了 16 种不安全的食品，还有解决的办法。

师：那太好了！快说说解决办法。

生：我奶奶说，执法部门应该强行监督、检查食品，严厉打击不法商贩，对造假售假者罚他个倾家荡产；我爸爸说，发现不安全的食品要立即追查厂家，要求索赔；我妈妈说，应该大力宣传健康饮食，推广绿色食品。

师：你做事真有责任心，不愧是个社会小公民！

（学生发言此起彼伏，还有从包装袋的卫生、农民使用农药、牧民养殖、媒体报道等方面提建议的。）

师：你们这些小代表们分析得都头头是道，真是有勇有谋啊！要是总理现在到我们学校来，一定会夸奖你们这些小公民关心国计民生大事，替政府分忧的精神！

师：现在，你们能不能就食品安全问题写一个提案呢？写给商贩、消费者、执法部门或政府都可以。咱们可以用刚才的思路——调查问题、分析原因、最后提出建议，大家学着写写。

学生自由写作。

下面是学生习作片断。

食品安全提案

一、调查食品安全问题(略)

二、对食品安全问题的分析(略)

三、我的建议

(一) 针对消费者的建议

(1) 购买食品时认准食品检验安全标志,不买不知名厂家的物品。

(2) 不买地摊货,不买过保质期及不洁的食品。

(3) 发现问题食品及时举报和投诉,利用法律武器维护自身健康。

(4) 及时收看关于消费的节目,第一时间了解食品安全最新动态。

(二) 针对市场管理部门的建议

(1) 建立企业信用等级,在企业门前挂牌,向市民宣传。

(2) 制定全系列食品安全法规,对种植、养殖、加工、包装、运输、储存、销售等环节严格把关;制定严格的、可执行的食品检疫标准;建立厂家和商贩的信誉制度、问题食品召回和补偿制度。

(3) 食品包装要明确、如实标注生产厂家、生产流程、原料产地生态环境等信息;发现问题食品应及时查封取缔。

(4) 从大众的身体健康出发,消除地方保护主义。

(5) 建立举报制度,对举报人给予奖励,对有问题的厂家和商贩实行重罚、公告,并取消其经营资格。

(6) 设立严密的检测仪器,如果食品有问题的话,消费者能当场发觉(就像公平秤)。

(三) 针对商贩的建议

(1) 自觉遵守食品法规,诚信经营,从正当渠道进货,检验合格再出售。

(2) 储存食品要选择适当的温度、干湿度,过保质期的食品绝不出售。

(3) 在售货台前挂写着“食品无问题,请放心食用”一类的牌子,让消费者放心购买。

(四) 针对媒体的建议

(1) 及时发布食品的最新动态。

(2) 宣传绿色食品的标志,让广大消费者都能识别问题食品。

(3) 就像前几年发行交通法规宣传画一样,发行辨别食品安全的宣传画。

(4) 及时向公众曝光、揭露问题食品。

(四) 分享思想的循环日记策略

《语文课程标准》指出:“写作教学应贴近生活实际,让学生易于动笔,乐于表达,应引导学生关注现实,热爱生活,表达真情实感。”可见作文教学应减少习作中的种种束缚,为学生提供广阔的表达空间,重视学生的自由表达,在表达中培养学生的创新精神,激发学生丰富的想象力,尊重学生自主发展的权利和个性差异。一种新奇而有趣的作文形式——循环日记应运而生。

循环日记写作教学法的实践程序,是把全班学生分成若干小组,明确组长及组员顺序。每组共用一个日记本,每组同学精心设计封面。各组内组员依次轮流写作,每天一篇,内容、体裁不限。后一名学生要先当读者,然后再当作者,也写一篇日记供交流。按天“值日”,一天一循环,每天各组学生同时创作。一轮回一评比,评出班内最佳小组、最佳作者、最佳读者,评比的重点是感情是否真挚和语言表达是否顺达。优秀日记由作者本人在班里朗读,好文章编入班级《循环日记欣赏》并向优秀刊物推荐发表。

循环日记如一股清新的风,在学生心潮上吹起了波澜,更吹出了写作教学的一片生机。越来越多的学生把写作当成一种需要,观察生活、感悟生活、表现生活成了一种自觉意识。实现了由“要我写”向“我要写”的转化。强烈的写作欲望,浓厚的写作兴趣洋溢在每个孩子的心间。翻阅一本本循环日记,你会发现它的众多特点。

1. 形式多样,表达真情

循环日记能让学生在自由的空间里放飞自己的思绪和灵感,能让学生毫无拘束地宣泄自己的喜怒哀乐。想怎么写就怎么写,有话则长,无话则短,图文并茂。嬉笑怒骂,皆成文章。没有了规矩要求,使学生尽情发挥,没有了顾虑,他们就会重新审视身边的人和事,审视自己的心灵,他们总有那么多的秘密要倾诉,总有那么多的心曲迸发出来,文思泉涌。《为奥运健儿喝彩》《保卫钓鱼岛》《加入WTO后的中国》《战争与和平》《卖火柴的小女孩来到北京》《我们的五(四)班》……一篇篇文章寄情于青山秀水,关注世界大事,漫话身边琐事,并让这一切在笔端自然流露出来。有了生活,有了真情实感,便使他们的写作有了源头活水,积累了习作素材。

学生习作内容和形式可谓百花齐放:写人、叙事、状物、绘景;小说连载、诗歌、散文、杂感、随笔……《穷村记》(小说)、《倒霉的一天》《眼“灾”》《春天的颜色》《掉牙记》《小小的打工生活》《不得安宁的周末》《逛商场我烦》《五(四)趣事连载》《老师的减肥计划》……读他们的文章,让人不由得惊讶于他们对事物的敏感,以及判断的准确和爱憎的分明。

2. 分享交流,鉴赏激励

循环日记是一个小组的“合作事业”,日记本就像是田径场上的接力棒,在紧密的合作中完成任务,这就要求每个人都要明确自己在这条跑道上的位置和职责。一个流动着的日记本,把同学们紧紧连在一起。每当循环日记轮到自己时,学生们往往会迫不及待地翻开日记,津津有味地看前几位同学的作品,认真地写下自己的评价和感受。然后,他们往往会竭尽全力,把自己几天来的见闻和感受浓缩在一则日记里写下来,自豪地传给下一位同学。

循环日记是有读者的日记。每天用一定的时间,让学生自己读自己的日记,让学生互相传阅日记、评比日记。此时是全班师生最高兴、最幸福的时刻!学生评析他人的文章时,可以从多个角度,或是选材立意,或是布局谋篇,或是遣词造句……可谓全面、细致,结果是既提高了鉴赏水平、写作能力,更对大家的写作热情产生了巨大的推动力。

3. 师生对话,敞开心怀

循环日记本就是孩子们的一扇心灵的窗户。许多学生敞开心扉,和同学分享自己的喜怒哀乐。一篇篇日记,其实就是一颗颗心在交流、碰撞。既有“志同道合”,也有“针锋相对”;有“自述”,也有“对话”;有“和风细雨”,也有“暴风骤雨”。在这片沃土里,同学们交流了思想,教育了自我,获得了心灵的成长。

循环日记还是师生对话的心灵圣地。教师面对每一篇学生的作文，写下自己真诚的感受。一次，一位同学在他的日记中写他过生日时的快乐场面，同时也期盼十年后的生日。教师写道：“时间过得真快，你很快会长大，希望珍惜每分每秒，快乐地成长！”学生会通过写日记向老师倾诉心里话，甚至有不够客气的批评，这恰是教师最值得倾听的。学生夸老师和蔼可亲，教师在批语中感谢他们的信任。学生说“老师又长胖了”，教师夸他观察细致。有一个学生晚交循环日记，教师的批语是“你已迈出可喜一步，相信你能坚持下去。”一位学生写跳皮筋，教师的批语是“你让我回到了童年。”面对学生的循环日记，教师是一位欣赏者，是一位朋友，更是一位知己。

循环日记记录了学生的习作提高的轨迹，更是每个生命在不断成长的足迹，从中我们聆听到了花开的声音。这种写作题材注重了兴趣的培养，突出了主体的体验——让学生们乐于写作，真正做到了“真情书写人生，信笔彰显个性”。

（五）捕捉时机的即兴成文策略

1. 由一节课引发的习作

那节课是“小学生心理导向”中《开发创造的潜能》一课，其中有一个环节是这样的：运用两个三角形、两个圆形、两条直线变化出一个有趣的图形，为这幅图配上最经典的画外音，并出示例子。学生们兴致高涨，一幅幅很有创意的画便脱颖而出。

下面是几幅学生作品。

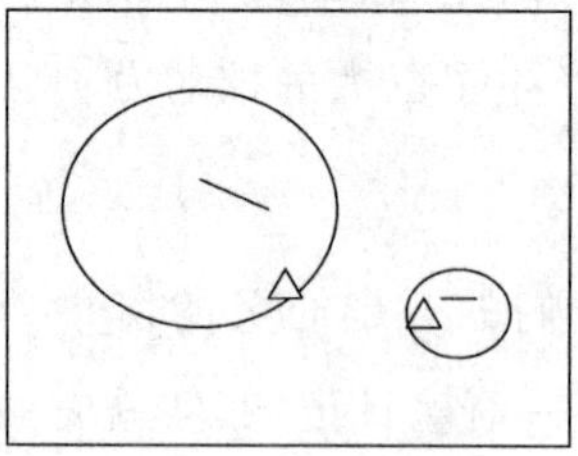

图 5-9　学生作品《母与子》

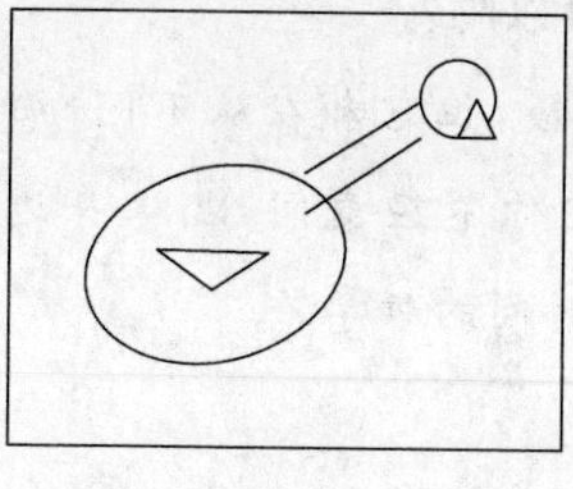

图 5-10 学生作品《小鸡饿了》

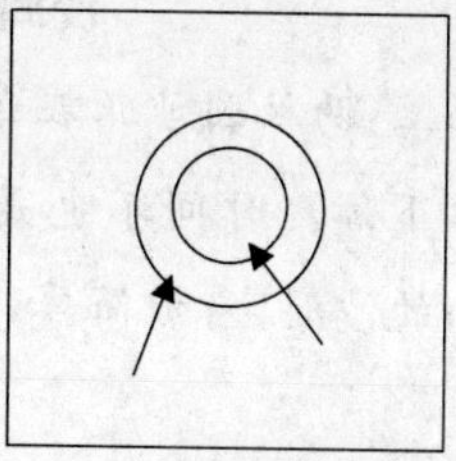

图 5-11 学生作品《看谁能射中》

看到学生们高涨的创作热情，教师顺势引导：“根据你们的创造，想象一个小故事，或者为你的作品写一段评注，使你的创作更有内涵。”

于是便有了以下的作品。

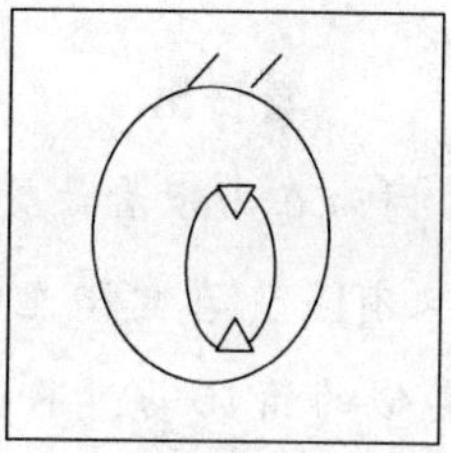

图 5-12 学生作品《就会吃》

就会吃

知道吗？我们现在都是小公主、小王子。早上，有妈妈给我们穿衣服，有爸爸开车送来上学。放学后，有奶奶帮着背书包。我们只有嘴在动，吃着零食。所以，在未来，只有嘴最发达。如果，你不想以后照镜子时，看见自己的脸上只剩一张嘴，就让我们从现在开始，自己的事情自己做。

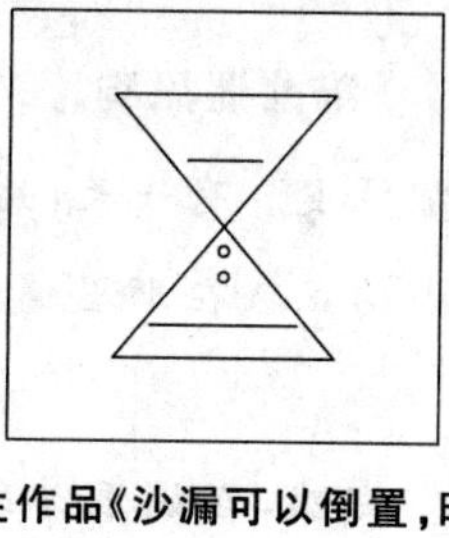

图 5-13 学生作品《沙漏可以倒置，时间可以吗?》

沙漏可以倒置，时间可以吗？

沙漏里，两粒圆沙正在落下，似乎落得很慢，但它却在从不间断地一点一滴地往下落。时间不也是这样吗？它会在你不经意间，就从身边流去。一个小小的沙漏，看似简单，它蕴含并诠释了时间的哲学。

图 5-14 学生作品《看日出》

看日出

人们都想在山顶看日出，因为在山顶看最美。

可是，在登山的过程中，又有多少喜爱阳光的人因为受挫而放弃呢？在我们的生活中，不是存在着类似的情况吗？不能因为挫折而放弃自己的目标，不能为了惧怕失败而颓丧！相信自己，一切皆有可能！

图 5-15 学生作品《猫儿遇见狗》

猫儿遇见狗

从前，有一只小猫，她非常调皮。有一天，她饿了，于是跑到厨房找东西吃。但是，一到厨房，她看见小狗正趴在那里喝水，吓得她赶紧跑出来，这是她第一次见到狗！

猫只好到客厅里发脾气。突然，在她眼前跑来一只小老鼠。猫咪高兴地叫起来！她急忙去追老鼠，没想到，老鼠却跑到了厨房，猫也跟到了厨房。

天哪！猫第二次见到了狗！

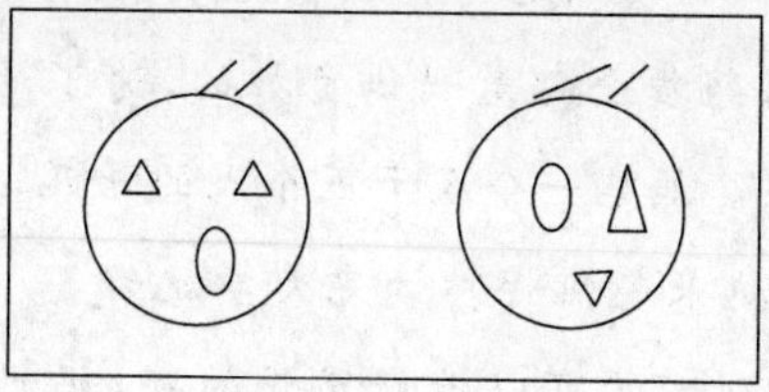

图 5-16 学生作品《两种不同的表现》

两种不同的表现

同样是遇到意外，有的人就是左边的表现，惊恐、慌乱；而有的人就可以微笑着面对。既然都要面对，为什么不轻松地面对？既然都是生活，为什么不开心地生活？

这些作品是在学生有了灵感时创作的，因此，他们不仅没有丝毫的负担感，还对给图片附解说词产生了浓厚的兴趣。甚至有一个女生，由于对一幅图片有了感触，开始了自己的小说创作。我们经常说，要为学生创造写作的情景。其实，凡是刻意创造的东西，总会有不真实的嫌疑。生活中，总会有新奇的事物不断地激发学生思维的火花闪现。只要抓住这些闪光点，把它的光折射到每个学生的眼睛里，我们的学生就能创造写作的奇迹。而我们要做的就是：“抓住点滴灵感，捕捉最佳时机，尝试激情写作。”

下面是一位学生的小说习作。

下雪

火车刚刚开始行驶在铁轨上，车轮咔嚓咔嚓的声音听着渐渐连贯了。怡已经一年没回家了，难得寒假。要考好的大学，谁不是努力学习？妈妈也说不要紧，学习第一嘛。将来有了出息再来陪爸爸妈妈也不迟。怡要考大学了，决定在考之前看看爸爸妈妈，不用逗留多久。既然决定了，回趟老家，也给爸爸妈妈一个惊喜。火车已经驶完了一半的路，一个白昼已经过去了，怡也怀着满心的希望回家看看爸爸妈妈。在怡的心目中，爸爸永远是个英雄，也是个好玩伴。怡小时候没什么朋友，都是爸爸耐心地陪她玩。对于爸爸，除了孝顺和感激，就是友好。怡的家庭从来没有纠纷，因为她有一个亲密无间的爸爸。有个那么好的爸爸，这是怡最自豪的事情。爸爸一年前开始卧床不起，大笔的医药费全都是妈妈负担的，为了治爸爸的病，妈妈倾家荡产，可还是负债累累。妈妈一个人干五个人的活儿，不仅要付医疗费和债务，还要给怡付学费，越来越憔悴。读完大学就好了，怡默默地想。读完大学，就可以找一份好工作，就可以治好爸爸的病，妈妈也不用那么辛苦了。想着想着，渐渐觉着视线朦胧了，眼睛一闭就睡着了。第二天早上，怡起来一看，啊！下雪了。冬天的雪是那么白，那么轻盈，像柔美的娇小的棉絮，忽忽悠悠的飘了下来。多么美丽的预兆啊！是吉兆，还是凶兆？这一年将会如何？怡还是老样子吃泡面，她已经习惯了。以前在学校经常不吃早饭，就因为这她在学校还昏倒过好几次。回家之前，总得好好装装样子给爸妈看吧，让爸妈觉得她这几年不算辛苦，也就放心了。怡抱着厚厚的物理书看了一天，还抄了好多东西(家里没钱，买不起书，都是借来的)。一天过去了，即将迎来第二个黑夜。过了这个黑夜，就到家了。一觉醒来，已经看见了房屋的轮廓，车站就在不远处了。终于到了，怡迫不及待地下了火车。怡的家不在城市里，还得坐两个小时大巴才能到。不久就要见到亲爱的爸爸了，怡心中充满激动，两个小时一晃就过去了。到了站，怡的心中似乎有一只小鹿在撞，不知是激动，还是紧张。妈妈看到了自己，会很兴奋吗？还是会生我的气，怪我没有好好复习……

还在想着，两只脚就已经走到了村口。家就在不远处了，有三十米，或许有五十……

走回家的那一片情景令怡十分吃惊：门上挂着白色的带子，窗棂上、屋檐下，都有。出什么事儿了？还有呜咽的哭声从里面传来……

进到屋里，怡向着里面喊：“妈，我回……”还没说完，已经瞥见狭窄的客厅中央站着的熟悉的身影。有姑姑、伯伯，还有好多已经记不起来的，手臂上都缠着黑纱，身着颜色很素的服装。妈妈跪着向客厅靠墙的地方齐胸的衣柜上的照片哭泣。难道说……仔细看看那照片，足以说明一切。

是爸爸。照片上是爸爸……

怡觉得心里一阵颤动，想哭，却又无泪。

这是个早已预见的消息。爸爸的身体本来就不好，有时还逞能帮妈妈干活，郁积下来的劳累终究还是爆发了，一病不起，直至现在，死亡。这是多大的打击！受到这种影响，怡还能不能顺利考上大学？怡回来，亲戚们吃了一惊，妈妈也吃了一惊。亲戚们和怡就这样一直对立着，一秒、两秒……面对时间的流逝，妈妈还是先开口了：“女儿，怎么回家了？难得你回一次家，可是……”看样子，谁也兴奋不起来。要是以往，妈妈准会做一桌子好菜，亲戚总会热情的看看怡的模样，是不是变了。“可是现在这种情况……我本来不想告诉你的，要等你考完大学，可你自己就跑回来了。你爸爸他，我也不知道他在干什么……”妈妈说话语无伦次的，怡也是无言以对。“爸爸葬在哪了?”怡突然冒出一句。“在，在南边的那座小山下。你可以去看看，就在铁轨旁边……”怡甩下行李，背着随身的小行囊夺门而出。南边的那座小山要穿越半个村子才能到，怡故意让自己的表情显得很镇定，胸口却压抑得喘不过气。到小山前会经过一个小站。虽然怡不想停下来，但还是不由自主地站住了。为什么呢？这是以前她和爸爸最喜欢来的地方。爸爸带着年幼的怡，到小站上指着站牌上的站名，教怡认字。至今怡还忘不了那时爸爸脸上挂着的亲切笑容。可是，怡的手再也没有被那双温暖的大手握牵着到站台，而是孤零零的一个人。那种莫名其妙的冲动迫使怡走上站台。心绪混乱的怡发现有一个小女孩抱着一个大水桶在那里卖花，卖的正是爸爸最喜欢的月季。“多少钱一支?”怡不知不觉问了一句。“两块。”小女孩说，“都是自家种的。”她补充了一下，似乎为了更突出月季的价值。怡摸摸口袋，掏出二十块钱。她所有的钱都在行李包里。“我买十支。”怡颤巍巍地递上钱。“这里一共还有十二支，全都给你吧，总共二十元。”小姑娘兴奋地说。“不，我只要十支!”怡十分坚定。因为她记得，爸总喜欢凑个整十，不要多，也不要少。“那，好吧。”小女孩接过钱，挑了十支月季递给怡。怡带着十支月季，向不远处的小山走去。小山已经出现了，山脚下有一块墓碑，一块笨拙、粗糙的墓碑。可是对怡来说，这是接触爸爸的唯一的地方了。怡靠得很近，墓碑触手可及……墓碑是冰冷的，可对怡来说，这却是一种温暖，一种已经失去，不复存在，现在又再次出现的温暖。暖流蔓延到怡的全身。脸颊上，似乎是被这温暖感染过的温温的液体，逐渐滑落到嘴角……虽然怡希望这只是一场梦，但是爸爸真的就在墓碑底下。爸爸永久地躺下了。

站在爸爸的坟墓前，一种无法制止的内疚感升腾起来，因为她觉得自己没能阻止这一切的发生。“都是我的罪过。”好像有个恶魔在怡的体内控制着她。即使怡希望这是一场梦，但终究无法改变这样一个现实。怡用手背蹭了蹭眼角，蹲下身来，把那一束凌乱的月季摆在墓碑的前面。“爸爸，这是您最喜欢的月季，送给您。我过得很好，同学和老师对我都很好……我在好好地念书，我不会辜负您的期望……”她已经有一些语无伦次了。天气真多变。雪花又从天上飘了下来。怡撑起了随身的背包里的伞，用伞挡住墓碑，不让雪花落在上面。“爸，我记得以前，只要下雨，您总会给我撑伞，雨天，您的衣服总是湿的。现在，该我为您挡雪了。您安静地睡吧！”怡站起来，又向旁边走了几步，握着伞的手自然地垂了下来。怡低着头，噙着泪花。看着雪花一片片飘落，她想起小时候爸爸曾经说过：“你呀，要像这雪花一样。雪花遇热虽然会融化，但天空一直一直地飘雪花，渐渐地就在地面形成了积雪，让人们看到了冬天。你也是，做事情不要随意放弃、认输，坚持到底，你总会成功的。”是的，我不仅不能惧怕挫折，还不能辜负爸爸的期望。想到这里怡的心情开朗了，她抬起脸仰望雪花，好像听到爸爸在对她说“不要轻易认输……”

2. 由一个标题引发的习作

在哈佛校园中的隆基音乐学校里，有一个很特别的做法，就是把学习不同乐器的孩子组合成一个乐队，让他们演奏一个小时的交响乐，孩子们很喜欢。问他们原因，其中一个孩子很认真地说：“我喜欢听其他乐器不同的声音，有意思，很好玩。”这则小故事耐人寻味，说明孩子需要七色阳光，喜欢不同的声音。

无独有偶，在我们的校园里也发生了这样一件事情。学生在出板报时，教师意外地发现他们给作文园地起了个“文天堂”的名称。开始教师以为他们少打印了一个字，当她关切地提出问题时，学生笑了：“老师，我们起的就是‘文天堂’！”“啊？这么怪的名字，我还以为是‘作文天堂’呢！”“‘作文天堂’多死板呀，‘文天堂’名称的创意来自游戏中的‘任天堂’。怎么样?”此时，教师恍然大悟，多么富有想象的创意！于是，这位教师走到教室里，开始欣赏起学生们布置的板报、壁报，还边看边问：“这块装饰的红板子是什么呀?”“告诉您吧，这是我们科学课做的静电板，放在这里作为装饰，像不像一幅抽象派的油画?”“像！像！那边的手抄报贴得乱不乱呀?”“那您就不懂了，虽然不太整齐，但也没什么不好，贴得整整齐齐多压抑啊！您说呢?”教师笑了：“非常好，这也是一种美。我很欣赏。”

第二天早上，教师又被学生交上的一篇篇随笔深深吸引和折服，他们的思考是多么深刻、富有灵性和创意啊。下面是其中的六篇。

板报的“同”与“不同”

今天，我们班的板报工作已经基本完成，那些花花绿绿的板报，你可能会觉得有些乱，不过我却觉得特别赏心悦目。

我上过许多培训课，培训学校里张贴的公告大多是同一种颜色、同一种字体，看上去十分整齐、干净，但它实际的作用又有多少呢？这样横平竖直十分规整的告示并不能吸引我们的注意，那些平常雷同的手法也不能让我们好奇。

而我们教室里的板报可就大不相同了。各种颜色的纸张随机排在一起，板报的内容、文字和插图都是各式各样的。虽说贴得参差不齐，却都是经过同学们精心设计的曲线、艺术字。每一篇文章都各不相同，都充满了个性，充满了精彩。特别值得一提的是它的标题“文天堂”。可能你禁不住会问：“是不是打错了？应该是‘文学天堂’或‘作文园地’吧!”不是的，你不觉得“文天堂”更加富有想象力吗？“文学天堂”和“作文园地”都太老土了，何不让题目变得更加生动、时尚些呢?

现在21世纪的儿童，都是未来世界的主人，人类靠自己的想象和智慧在不断进步，所以想象力是十分重要的。我认为，在未来的世界里，“不同”将比“同”更加精彩。

与众不同

我看过一部叫《糊涂小天使》的电视，每讲完一个故事，就会有一位老爷爷和一个小女孩的对话。小女孩的声音沙哑，长得很丑，两颗大门牙从嘴里伸出来，眼睛小，两个眉毛分得很开。但她却能上电视，多让人羡慕，因为她长得与众不同。所以并不是只有美的人才好，丑的人也有丑的好处。

有趣的不同

每人都有自己的不同之处，如长相、看法、习惯、爱好、特征等。如果世界上没有了不同，将会出现一个很可怕的情况：那就是世界上所有的东西都一个样，就连习惯、看法、爱好、特征都一样，那么世界将会很无聊，没有意思。所以，我很同意世上的所有东西都不一样，花样越多越好，这样世界才更加有趣。

就像那篇课文《祖父的园子》里面说的："要怎么样，就怎么样，都是自由的。"是呀，世上的一切都是自由的，想怎么样，就怎么样。正因为这样，世界才五彩缤纷。每种东西都有他/它与别的人或物与众不同的地方，我们要允许这些不同的存在。不同是多么有趣呀！不论怎样看，都看不腻，越看越有趣。

如果世界上有许多相同，那么就会失去它的五彩缤纷，而不同却不一样，他能让世界多彩起来，世界上不能少了不同。

"同"与"不同"的美

同是一种美，不同也是一种美。

同的美在于：书桌上码放整齐的课本、操场上同学们一致的步伐、大街上修剪过的花草、图书馆里一排排整齐的书、过年时妈妈剪的轴对称的窗花……

不同的美在于：不同的人有不同的脸、写不同的文章、追求不对称的现代美术，争奇斗艳的花朵、形态各异的十二生肖、商场里琳琅满目的商品、鳞次栉比的楼群……

啊，也许你会问，同是美，不同也是美，难道这个世界上就没有不美吗？不，同也有不美的时候，设想一下如果全世界的人都穿一样的衣服，会美吗？不同也一样，追求对称美的汉字被写得七扭八歪，怎么美得起来？

也许你会感慨，原来对称就是同；不对称就是不同。有时对称的事物是美的，有时不对称的事物也是美的，反之亦然。难道不是吗？如果你仔细观察，生活中到处都可以找到同和不同。到底哪一个美，哪一个不美，有时谁也说不清，因为每个人对事物都可以有不同的见解，就像人们常说的：一千个人眼里有一千个哈姆雷特。

不同的性格，相同的快乐

在生活中，有许许多多的同与不同，如人的性格。在我们班就有许多性格不同的人。

好比我，我就和其他女生的性格大有不同：我不太有淑女形象，淘气，胆子大，敢和教官顶嘴，总想和别人不一样。但我的好朋友汪非凝，她的性格和我就相反：文静，腼腆内向，不爱说话，总要追求完美。

我们两个的性格有许多不同，但我们俩也有相同之处，那就是开朗。我们每一天都很快乐，她是心里快乐，不表达出来，而我的快乐无处不在，就是整天嘻嘻哈哈笑个不停。我们在一起玩、聊天，很快乐，不在一起也很快乐。

我和她的性格有同，也有不同，所以我们两个看问题的角度和结果有相同的，也有不同的。

我认为，只有每个人都不同，这才有了快乐，如果每个人都一样，那就什么也没有了！

做独特的自己

老师说，每个人都是被上帝咬了一口的苹果。的确，每个人都有自己的缺陷：皮肤太黑、眼睛太小、雀斑太多……而这，正是自己与别人的不同之处。我来给大家讲两个故事吧。

有一个天才的科学家，著过许多科普名著，并且非常畅销。有人说，他是爱因斯坦之后最伟大的科学家。他获得过牛顿生前获得过的殊荣。可是，你相信他是一个残疾人吗？你相信他是一个只能动三个手指的残疾人吗？他不能说话，连抬头都困难。如果他要准备一个小时的演讲稿，大约需要十天时间！他靠他坚强的意志成为一个伟大的科学家！他，就是霍金先生。

还有一个故事，有一个警察，他靠超常的听力成为单位里的明星。每次，他都能准确地分辨出恐怖分子在哪里；每次都因为有他，工作组才能顺利地将罪犯抓获。可是，你想到过他是一个双目失明的人吗？

有些客观事实不能改变，但可以改变自己。改变自己对生活的态度，心情就可以变得非常愉快！命运关上了你的一扇门，往往会再为你打开一扇窗。加油，成为自己的榜样！

诺贝尔奖得主、美籍天文物理学家钱德拉萨卡的一个著名演讲，题目叫作"莎士比亚、牛顿和贝多芬——不同的创造模式"，演讲中谈到这三位科学家在各自的领域里达到人类成就的顶峰，而其辉煌成就的创造模式是迥然不同的。如果我们过于强调某一方面的智慧和才能，便会失去今天这个多姿多彩的世界。能激发学生创作灵感的那一点东西往往转瞬即逝，教师应用慧眼去捕捉，保护和欣赏学生的求异思维，尽可能为他们的不同提供存在和发展的空间。在此过程中，教师要鼓励学生将自己的发现用自己的方式大胆地表达出来。

（六）立体整合的学科融合策略

《语文课程标准》指出："应拓宽语文学习和运用的领域，注重跨学科的学习和现代科技手段的运用，使学生在不同内容和方法的相互交叉、渗透和整合中开阔视野，提高学习效率，初步获得现代社会所需要的语文实践能力。"因此，在教学中，教师要善于将习作教学与各学科有机地结合起来，实现学科间的立体整合，编织起学科交融的网络。

1. 借用音乐、美术课的作品，指导学生写想象作文

几乎所有学生都喜欢上音乐、美术课，那动听的乐曲，那美丽的图画都深深地吸引着他们。教师何不因势利导，充分利用这些课程资源来培养学生的想象力和写作能力呢？一次，美术老师组织学生画未来的世界，让学生想象未来世界的样子来作画。学生画得兴趣盎然。一幅幅色彩艳丽的作品贴满了教室的墙壁。学生争抢着讲述他们作品的内容，如一个学生这样讲述："我画的是一个外星人和一个地球人在谈话。我想：咱们地球上的人越来越多，都快住不下了，我设计了一种飞船，这个飞船能载着地球人和外星

人相互往来，就像走亲戚一样。”学生的想象新奇而大胆，此时，教师引导学生将画中的故事写下来。《我的梦》《SFO飞船》《时空隧道》……一篇篇充满幻想又饱含童真的文章就这样诞生了。

2. 借助体育课的赛事，指导学生写活动作文

体育课中有很多的竞技运动。赛跑、跳绳、踢球、投沙包……这些都被学生所喜爱。当教师发现循环日记中有三名学生不约而同地写出了体育课的一场篮球赛：本班女生对战三班女生并大获全胜。看来这场比赛给班中大部分学生留下了深刻的印象，于是在次日的语文课上，教师引导学生回忆这场球赛。班中立刻沸腾起来，参赛队员激动地描述着赛场上的情景，场外同学描述着自己如何为同学呐喊助威。抓住时机，教师引导学生讨论：你们对这几天循环赛的哪一场球或哪一个球的印象最深？或对哪个队员的印象最深？其他同学是怎样观战的？你做了些什么？有什么感受？之后教师要求把经过写下来。学生奋笔疾书，写出了《惊心的一球》《大快人心的比赛》《团结就是力量》《我们的啦啦队》……

3. 借助思想品德课的内容，指导学生写议论文

思想品德课中，有许多生动的事例教学生如何做事、如何做人。教师将本班发生的一些事结合思想品德课的一些内容共同分析、品评。如：学到《集体的利益高于一切》时，教师引用班中发生的事或书中的事来说明集体与个人的关系。在讲述过程中指导学生先表明自己的观点，然后可以引用事例说明观点，最后提出结论。学生振振有词地发表着自己的看法，事后把自己的讲话记录下来，便是一篇篇观点鲜明的议论文。

4. 借助科学课的知识，指导学生写调查报告

科学课所涉及的知识有天文、地理、植物、动物……可谓包罗万象，学生在课堂上可以了解很多有趣有用的知识。许多孩子天生对自然界有着浓厚的兴趣，他们通过课外阅读还了解了很多相关的知识。为让学生对这些常识有更系统的认识，让这些知识更好地服务于语文教学，教师可以让学生将语文课的内容与科学课的内容结合起来，试着编写调查报告。

例如，在学习课文《只有一个地球》时，教师让学生结合科学课所学到的

知识，搜集材料编写调查报告。学生以组为单位，积极确定主题、搜集资料、绘制插图、装订成册，制作出了许多精美的报告。《人类的家园——地球》，它包括：一、地球的基本参数；二、地球的起源；三、地球的演化；四、地球的圈层结构；五、地球的四季变化；六、地球的故事；七、只有一个地球。《水土流失调查报告》，它包括：一、水土流失的危害；二、防止水土流失的措施；三、地方水土管理宪法。《我国资源储备的现状和问题》《保护大地绿色的屏障》《动物非自然灭绝和保护方法》……这些调查报告既是一种有趣的语文实践活动的收获，又为学生今后的习作储备了丰厚的素材。

5. 借助信息课的网络资源，指导学生写导游词

信息技术走进课堂，为学生提供了更广阔的学习空间。学生只需轻轻一点便能登录互联网知晓天下事。可以说网络资源是取之不尽，用之不竭的。如何充分利用信息课的网络资源进行语文习作的实践活动呢？可采取语文教师与信息教师合作的方式。

当信息教师教学生上网时，配合语文教材学习的内容，选择旅游网站，带领学生在纸上“游天下”后，再到网上“游天下”。离开了纸张的约束，学生可以在网上尽情地饱览祖国的大好河山：神秘高远的西藏、古朴纯净的海南、清新秀美的苏杭、热闹繁华的香港。从风土人情到特色小吃，从地方特点到历史渊源。教师让学生选择自己熟识或向往的地点作为旅游目的地，然后请他们准备导游词，为全班同学做导游，用自己喜欢的方式介绍这一地方。学生跃跃欲试，很多学生除了导游词以外，还做了更充分的准备。有的为自己配了导游旗和胸牌，有的制作了图文幻灯片，还有的截取了录像资料。在课堂上学生兴奋地为大家讲解景点，模拟导游情景。这样既拓宽了学生的视野，又锻炼了学生的口语表达能力；既教给了学生归类整理资料的方法，又培养了学生的写作兴趣和写作能力。

第六章　“博雅语文”的未来

《国家中长期教育改革和发展规划纲要（2010—2020年）》提出：“树立科学的质量观，把促进人的全面发展、适应社会需要作为衡量教育质量的根本标准。树立以提高质量为核心的教育发展观，建立以提高教育质量为导向的管理制度和工作机制，把教育资源配置和学校工作重点集中到强化教学环节、提高教育质量上来。加强教师队伍建设，提高教师整体素质。”北大附小“博雅语文”课程的研究正是在这样的精神指导下创设、成长，并不断根据教育改革、学校发展和学生成长进行适时的调整、拓展和延伸的。

我们的“博雅语文”课程根植于北大的文化底蕴中，旨在传承中华优秀文化，润泽学生心灵，渗透博学厚德的博雅文化。“博吸收”体现了“博雅语文”课程内容的全面性，它基于“语文”这一平台，结合学生的需求和老师的实际情况不断进行课程的研究、拓展与延伸，对现有语文课程的内容，或沿袭，或改良，或整合，或补充，或升华；“雅呈现”则体现了“博雅语文”课程内容的丰富性和选择性，它围绕着思维的发散、成果的展示，将所学融入学生的生活，融入学生的心里，并外显于他们的思维、言谈和举止。吸收与呈现相辅相成、互为一体。为适应未来的发展，“博雅语文”还要力争凸显以下方面。

一、立足母语价值，确定课程目标

一个民族的语言也是一个民族的灵魂。母语，在某种角度而言绝不仅仅是工具，母语蕴含着一个国家的价值观和世界观。我们的汉语同样立足于中国人的价值观念和对世界的认识，表达着中国人的思维方式和审美情趣。而北大附小的"博雅语文"课程恰恰就是让学生亲近母语，通过对语文的学习，产生对祖国语言文字的热爱。我们所面对的学生，是母语教育的主体，他们的心智还没完全发育成熟，但他们已具备自己的情感体验，具有自己独特的视角和内心世界，我们要尊重和珍视学生的这种母语的情感体验，尝试走进他们的内心世界，学会用学生的视角看待问题。

学习母语离不开生活，生活中到处是学习母语的材料，而学习母语最终也是为了更好地生活。学习不是目的，母语教育也不是目的，生命的幸福才是目的。"博雅语文"期待帮助更多的学生，更好地激发他们母语学习的兴趣，提高他们的母语能力，从而更好地服务于幸福的生活。

我们企望，"博雅语文"课程从目标确定开始就能够立足母语的价值，能够激发学生热爱母语的思想感情，丰富语言的积累，发展思维，能够培养学生初步掌握学习母语的基本方法，具有能适应实际需要的母语的识字写字能力、阅读能力、写作能力、口语交际能力，正确地理解和运用母语。同时，能够在母语优秀文化的熏陶感染中，提高思想道德修养和审美情趣，并逐步形成良好的个性和健全的人格。

二、关注文化传承，构架课程内容

纵观我国除语文以外的其他学科课程标准，均以大量篇幅表述了这门学科的课程内容，并具体而明确地规定了相应课程究竟应该教什么。而我国语文课程一直缺少对课程内容的系统研究，因此，我国的语文课程标准历来缺少课程内容的具体表述。2011 版《语文课程标准》虽然注意到这个问题，将第二部分"课程目标"改为"课程目标和内容"，但对各年龄段欲达到课程目标所需要教学的课程内容仍缺乏具体的表述，这就在一定程度上导致语文课程究竟教什么这一问题不能得到很好地解决。

当下语文教材提供的课文，只是解决了教材内容的问题；而每篇课文教什么即"课程内容"，基本还是凭执教者的个人经验和认识去判断、选择，这样就不可避免地造成语文课程内容的随意、零散、无序和经验化。面对这样的现状，我们期待在“博雅语文”进一步的课程研究和探索中能够更多地从文化传承的角度来架构课程内容。

文化是一个社会的成员所获得的知识、信仰、艺术、法律、道德、习俗及其他能力与习惯的综合体。“博雅语文”是用语言为基石和载体编制的文化，是文化传承中的语文，是用文化来关照的语文，是对文化特性、文化灵魂、文化精神的理解和强调，是真正把语文当作文化的载体来开发的课程。语文本身承载着文化，又在文化的土壤中生长着。文化是语文的特质和灵魂，语文理应反映丰富的人文内涵，陶冶学生健康的情趣、情调、情怀和情操，使学生领略文化的丰厚博大。

在此基础上，我们期待通过不断的探索和研究，促使“博雅语文”课程内容的架构在关注文化传承的基础上，力争做到更加体构化、体系化。

三、尊重个性差异，落实课程实施

北大附小在长期办学实践过程中，一直非常关注学生的不同特点和个性差异，发展每一个学生的优势潜能，为每一个学生拓展充分的学习空间，为学生创造具有充分选择机会的学习环境，以满足不同学生的发展需要。我们期待不断强化以“尊重、关爱、发展”为主的理念，一切从师生的生长、生活需要出发，对人的生命予以尊重，对人的天性予以敬畏，让全校师生的生活充满朝气，富有精神追求，让大家对自然和人类充满善意，懂得感恩，追求进步，向往光明，自信而乐观地面对生活中的困难与挫折，使学生在自由快乐的氛围里学会学习，享受学习，全面发展，富有个性。

我们充分理解学生来源的多样性，不同的家庭背景、知识程度、多元的信仰会产生不同的观点和对教育、对语文的不同理解。我们坚持鼓励个性化的发展，注重因材施教。在“博雅语文”的课程实施中，我们努力更加尊重个性间的差异：用尊重，给学生生长的机会；用宽容，给学生生长的空间；用等待，给学生生长的时间；用欣赏，给学生生长的营养。在我们的语文老师心中，语文课不仅是一个传递知识、形成基本听、说、读、写能力的过程，更是一个建构精神世界、完善生命的过程。这个过程包含着丰厚的文化意蕴，具有极强的生命价值，更可以让学生真切地感受美、欣赏美、享受美。在丰富的语文教学实践中，教师们积极创设空间和机会，让学生创新思维的火花在和谐融洽的气氛中不断得到激发，课堂充满人文关怀、文化润泽、心灵感悟和美的享受。

当回归教育本质，大家需要进一步积极探索在"博雅语文"的教学中关注学生的情感体验，认真思考如何为不同年龄、不同家庭、不同心理的学生们推荐适合他们阅读的童书（以经典的儿童文学为主），如何为学生们提供适合他们需求的阅读指导。我们企望学生们在阅读经典的文学作品中能得到无穷的乐趣和诗意，从而提高他们母语学习的兴趣，进而使他们在阅读中融入文化，寻找自我、确立自我。

四、契合人的发展，改善课程实施

我们实施评价的目的是为了改善课程设计、改进师生的教与学、促进学生的发展。我们认为，成绩是重要的，但不是最重要的。每个学生都是独特的，每个学生都有自己的闪光点和生长点，"博雅语文"的评价方法力争更加契合人的发展，我们期待在评价上有新的探索和突破。我们可以尝试关注以下几方面。

（一）评价取向层次化

从评价的价值取向上看，我们已经摒弃片面的评价观念，不再将学生的考试成绩作为衡量课程设计优劣、教师教学水平、学生学习结果的唯一指标，而是更加关注评价的过程性和整体性，比如通过学生动手参与、沟通分享、实践活动等，对他们在活动中体现出来的知识与技能、过程与方法、情感态度与价值观等进行综合衡量，而且在衡量的过程中，关注到学生的可持续发展，更多从发现闪光点和鼓励生长点着眼。

"尺有所短，寸有所长"，我们的评价也因人而异。我们期望教师在评价中从评价的取向出发，做个有心人。我们会用"优、良、及格"三个等级评价学生，特别好的还会加一至三个五角星来附加鼓励。在评价机制中，我们引进了特殊性评价。根据学生身心发展和写字教学的特点，关注学生个体差异和不同的需求，爱护学生的好奇心，充分激发学生的主动意识和进取精神。

（二）评价方式多元化

教育存在个性的差异。从评价方式上看，我们不再仅仅关注单一的评价观念，如定量评价、终结性评价，而是更关注评价方式的多元多样，如定量评价与定性评价相结合、终结性评价与形成性评价相结合、学生的兴趣与发展相结合等。在“博雅语文”课程实施的评价中，我们同一个年级、甚至同一个班级内的作业经常也是不同的。比如，对于中年级的一部分学生来说，所学词语已经掌握，就不必再做抄写类的作业，而是做一些拓展性的作业，如写一份读书笔记，做一次新书推荐，进行一次专题小演讲等。即使是同样的作业，对不同年级、不同班级、甚至不同特质的学生，老师也会采取不同的评价方式。老师不会仅仅拿一次考试的试卷成绩去衡量学生，一份手抄报，一次朗诵，一篇随笔都可以作为学生的成绩。更有趣的是，我们会用学生非常喜欢的多样的方式为他们作评价。比如，为了鼓励学生更多地参与课外阅读、参与写作，老师把学生非常喜欢举办的快乐美食节和阅读活动结合在一起，以阅读庆祝节的形式鼓励他们阅读，学生们参与的积极性空前高涨，各种收获互相叠加，在愉悦的氛围中，感想颇多。

在这样的氛围下，学生可以自由发挥自己的特点、专长。可见评价的多元化，不仅是对学生个性的认可，也是对他们才能的尊重。如何更好地实施多元化评价，更多地带给孩子自信、快乐和幸福，也正是我们不断探索的内容之一。

（三）评价主体互动化

以前，我们更多采用以教师评价为主的评价方式，这种方式注重结果而忽略了学生的学习过程，忽略了学生的兴趣和主动参与意识。实践课程改革之后，我们已经对评价方式进行了改革，尝试了一种以学生自我评价与教师评价相结合的主体互动评价方式(我们正在不断探索完善中)。

(1) 师生共同讨论，明确评价标准。制定评价标准时，教师不是主观进行的，而是和学生充分讨论、积极采纳他们的合理建议，从而更大限度地保证评价是为学生服务的。

(2) 学生自我评价。自我评价中包括学生自评和学生互评。学生在自我评价中学会审视自己和他人的学习成果，在反思中培养审美能力，学会赞赏自己和他人，培养自信心，不断地体验到成功的喜悦，也初步意识到自己存在的不足，发现别人的长处，在评中赏，在评中改，学习借鉴，自我完善。

(3) 教师评价。教师评价可分为即时评价和可持续发展评价两种形式。可持续发展评价分暂缓打分与持续加分两种情况。

可见，从评价主体上看，我们也早就放弃了单一的由教师独断评价的观念，而是更注重评价主体的多元化和多样化。如教师评价与学生评价相结合，学生自己评价和同伴评价相结合，学生评价和家长评价相结合，教师评价和家长评价相结合等。这样的评价更加开放、更加客观、更加丰富，易于调动学生多方学习和交流分享的积极性。那么，如何推进评价主体的互动，让评价更好地成为再学习、再发展的过程，也是我们需要继续研究探索的内容之一。

五、不断创生的"博雅语文"课程

"博雅语文"课程本身就是一个广阔的天地，是多元文化相互激荡的交流平台，也是独特体验浸润成长的实践基地。"博雅语文"的教学触角要伸向小学生生活的每一个角落，让他们在熟悉的生活中汲取营养。课程的开放性能最大限度地拓展学生学习的空间，有效地激发他们学习语文的积极性，培养他们的创新精神和实践能力，从而为学生的终生学习和发展打下良好的基础。因此也对教师提出了极高的要求，现在我们的教师们平时非常提倡并鼓励学生每天坚持收听新闻，阅读报刊；多和家人、朋友交流、谈心等；多参加一些观察(如人、物、景、社会现象等)、实践(如采集、参观、表演、劳动、制作、拍摄等)活动；多阅读(如课前背景搜集式阅读、课后名家作品鉴赏式阅读、主题整合式阅读；"正餐"阅读、"快餐"阅读、"零食"阅读；举行好书漂流活动、开展读书交流等)……语文课前教师常会留给学生几分钟时间，搭建交流平台，引导学生交流大家关注的新闻、话题、活动等，作为“开口汤”，有话则长，无话则短，也可以在日记中尽情表达，及时反馈，有效指导。这样做既培养了学生听、说、读、写的意识和能力，也丰富了学生的视野，提高了他们思维的深度和广度。学生常常觉得“博雅语文”的学习就在身边，语文作业就是实践与感受！但这些还远远不够，更重要的是教师通过这些途径，能及时、准确地捕捉学生的生活和思想动态，与他们进行心灵沟通并进行有效引导，让学生健康、愉快地学习和生活。教师在不断地探索中能够创造更多，更加灵活、多样、开放、创新的课程内容。

总之，语文学习不仅是一个传递知识、形成基本听、说、读、写能力的过程，更是一个构建精神世界、完善生命的过程，也就是一个人的生命发展的过程。我们一直以各具特色的自身特长作为课程的生长点，以相互欣赏的交流方式作为课程的碰撞点，以兼容并包的探究方式作为课程的融合点，以勇于试错的执着追求作为课程的发展点。以“博”教学、以“雅”育人，“博雅语文”课程是我们北大附小语文团队的各种尝试，也是我们美好的愿景，我们一直在探索。我们共同期待：“博雅语文”能成为北大附小每一个学生快乐成长的乐园，成为北大附小每位教师施展才华的舞台，为每个学生插上展翅高飞的翅膀，让每个学生享受更多、更美的幸福时光。

特别鸣谢

在“博雅语文”课程构建及书稿写作过程中，很多专家、学者给予了我们大力的支持与帮助，他们是：崔峦、裴娣娜、张立军、陈先云、王云峰、陈琳、王漫、李顺碧、林小音、赵静。

在“博雅语文”课程构建及书稿写作过程中，学校的其他语文老师也给予了我们极大的支持与帮助，他们是：段燕梅、刘学慧、王艳玲、张群、江琳、王敏、张文光、苏小娜、卓奇、陈春霞、马玲玲、王永梅、柴雯、张平、王秀华、李革、张艳、杨铁梅、胡金梅、杨正传、马银鹤、李蓓、田海云、刘春利、王桂欣、尹珺、刘雪英、张青、郭琼、郭红霞、戴能革。